新聞活用最前線

毎日新聞記者
城島 徹

清水書院

はじめに

新聞活用を推奨する新学習指導要領が2011年度から13年度にかけて小学校、中学校、高校へと順次実施され、「NIE（教育に新聞を）」という言葉が次第に浸透してきたように思います。NIEは「Newspaper in Education」の略で、「エヌ・アイ・イー」と呼び、一般的には「新聞制作学習（新聞に学ぶ）、新聞活用学習（新聞で学ぶ）、新聞機能学習（新聞を学ぶ）」の3分野を念頭に、さまざまな教育の場で新聞を学習材として活用する取り組みです。

グローバル化の進展で政治や経済の変化が加速し、東日本大震災のような不慮の災厄への迅速な対応も求められる現代は、知識量に頼るのではなく論理的な思考力や的確な判断力、豊かな表現力など生きた「学力」が求められています。その力を育むための「言語活動の充実」こそが学習指導要領改訂のポイントで、新聞は社会とつながる学習材として注目されています。

NIEは日本では日本新聞協会が1985年に提唱し、教育界と新聞界が協力して推進してきましたが、新聞活用の手引き書などNIE関連書籍の多くは現場教師や教員養成系大学の研究者たちの熱意と尽力によるものでした。縁あって新聞活用の現場を取材する機会に恵まれた私は、それらのルポをまとめ、NIEの実践をめざす教師たちに役立てていただきたいと考えました。ただし、本書を手がけた清水書院の担当者からは「既存のNIE関連書籍の傾向として、教師が著者だと時に主観優先の論述に陥ったり、研究者の場合は言葉遣いが堅かったりするので、客観的な視点から批評を加えた平易な文章にしてほしい」と注文がつきました。

そもそも教育現場での新聞活用となれば古くは明治時代から先駆的な例があります。NIEを新しい活動だと意識するあまり、先人の優れた理論や実践など各地で連綿と行われてきた新聞活用実践を無視してはなりません。そうした教師主体の取り組みを尊重し、それを支えるつもりで執筆に向かいました。

私自身が新聞の存在価値を改めて認識したのは今世紀初頭の3年間、軍隊や警察権力の肥大した独裁的な専制国家を取材したアフリカ特派員時代です。健全なジャーナリズムが成立しない国家において、内外の記者たちが時に体当たりで迫害や取材規制に立ち向かう姿を目の当たりにし、また、自分自身が兵士や警官に幾度か身柄を拘束された経験から、権力を監視する新聞の役割を強く体感したのです。

新聞は「紙」という形態に限らず、複合的な媒体へと形を変えていくでしょうが、記者が現場を取材し、情報を分析、評価してニュース価値の判断を含めた編集をするという作業の本質は変わらず、社会との接点として生き続けると信じます。

そして今、何よりもNIEに携わる者として厳粛な気持ちを覚えるのは、教室で子どもたちが新聞を広げて学ぶ姿や、NIE活動に試行錯誤しながら取り組む若い先生たちの姿を目にする時です。本書は、2011年秋以降、小中高校、大学、地域、家族などを舞台に多彩で魅力的なNIE活動を取材したものを素材に、その意義や効果を考え、教師の手応えや児童、生徒の反応を加えて検証した18編のルポと8編のコラム、NIEの概説、NIE活動の今後の展開や各地の動向に関するインタビューなどで構成しています。なお登場人物の肩書き等は取材当時のものですのでお断りさせていただきます。

この本が、教育現場と新聞をつなげる「学び」の道しるべとなれば幸いです。

毎日新聞記者　城島 徹

目次

小学校 編

NIEタイム

▶埼玉県鴻巣市立赤見台第一小学校

埼玉県鴻巣市立赤見台第一小学校（吉田順明校長）は2011年度から毎週木曜の授業前（午前8時15分から35分まで）に全学年の教室で「NIEタイム」と称して新聞活用の学習に取り組んでいる。「日常的に新聞に触れさせることによって、学ぶ意欲が向上するとともに、社会への関心が高まるであろう」という仮説を立て、記事のスクラップなど、学年に応じて実践したところ、学力上昇の調査結果も出ている。低学年の教室を取材すると、楽しげに新聞を手にする児童の姿があった。

「大きな字」を見つけよう

「新聞の中からいちばん大きい字を探しましょう」。2013年３月７日午前８時15分。２年１組の教室で、担任を受け持つベテランの神成文代教諭が子どもたちに呼びかけた。新聞からサイズの大きな字を切り抜く実践だ。

なんだかゲームのようで、子どもたちはワクワクしながら取りかかる。NIEタイムがある木曜はみんなが「大好きな時間」だ。黒板に「大きな字」のサンプルとして「木」と書かれた紙が貼られ、「ひらがな、かたかな、数字、えい語、かん字」と書き添えてある。さて、どんな「大きな字」を発見するだろう。

子どもたちがそれぞれ持ってきた新聞を机いっぱいに広げ、ページをめくる。手前の広告欄に大きな字が多いことに気が付いた。はさみでさっそく切り抜く。その紙片を手に、ほかの字と大きさを比べている。「あ、こっちが大きい」。また切り抜く。多賀友香さんは「春」の字をワークシートに貼りつけた。縦６センチ、横6.5センチのピンク色の「春」だ。

開始から10分が経過。「はい、そろそろ新聞をしまう時間です。たたんでくださいね」。神成教諭が声を掛ける。

どこにあったかな

ワークシートの下段には「大きな字はどんなところに使われているでしょうか」と質問を書いた空欄がある。友香さんは「見出し。読んでほしいところです。あと、見てほしいところです」と書き込んだ。

記入できない子もいる。すると神成教諭は「はーい、下の２行が分からないという人がいるので、ちょっと考えてもらおうね。大きな字はどんなところに使われている？」。子どもから手が挙がった。「目立つところ」……。これをヒントに鉛筆を動かす子どもたち。

▲教室の黒板には NIE タイムの手順が分かりやすく書かれていた

さらに５分が過ぎて８時30分。「では、まずグループチャンピオンを決めます。１分間で決めましょう。ヨーイ、スタート」。７班のうち各班で最も大きな字を選んだ児童がワークシートを黒板に持ってきた。「まずはグループチャンピオンに拍手！」「この中からグランドチャンピオンを決めます。さあ、どうでしょう」。この日、グランドチャンピオンに輝いたのは渡邉温士君だった。「こんなに大きな字があったんですね。すごいねー」。大きな拍手が送られた。

この日の「大きい字」グランプリは１年間の NIE タイムで最もリクエストが多かったため２回目の実践だ。このほか、新聞記事からニコニコ顔の写真を見つける「笑顔グランプリ」も人気があったという。子どもたちが喜んで新聞を手にする。身体的な感覚に浸る。それだけでも有意義だと感じた。

好きな写真を切り抜こう

同じころ、１年１組では「字」ではなく、「写真」を切り抜いていた。なるほど、１年生にはビジュアルだとより分かりやすい。机の上には「すきなえや　なまえを　はりましょう」と書いた B4サイズのワークシート。切り抜きをここに貼り付ける。

「お気に入りの写真や絵を見つけましょう」。教職経験が長い担任の柿沼由美子教諭の声に促され、子どもたちは自動車や食べ物などの写真をはさみで切り抜いていく。

「わー。いろんな色があってきれい！」。宇野里美さんはカラフルなこいのぼりを切り抜いた。ワークシートの「しゃしんにだいめいをつけましょう」の欄には「でかいぞこいのぼり」と書いた。「えらんだわけやおもったことをかきましょう」のところは「おおきいこいのぼりがすごいとおもいました。手で目とかをつけるのがむずかしそうでした」。これまで「おもしろい字とかひらがなを集めた」と新聞に興味を持った様子だ。

堀啓人君はモノクロの自動車を切り抜いた。ワークシートには「ひかってる車」の題名をつけ、「タイヤのまんなかがきれいでかっこいいです。ふつうの車はドアがよこにひらくのに、この車はドアが上にあがってすごいとおもいます」と書いた。啓人君は「きれいな写真が選べてよかった。NIE タイムではケーキとか小さな字を選んだりして楽しい」と話した。

隣の１年２組では野球やスキーのジャンプなどスポーツの写真を選んだ子が多かった。ワールド・ベースボール・クラシック（WBC）で活躍した広島カープの前田健太投手のダイナミックな投球フォームを貼り付けたのは中村こうた君。ワークシートに「やきゅうせん手がんばれ！」「かっこいいからえらびました」と書いていた。

▲ワークシートを見せ合う１年２組の児童

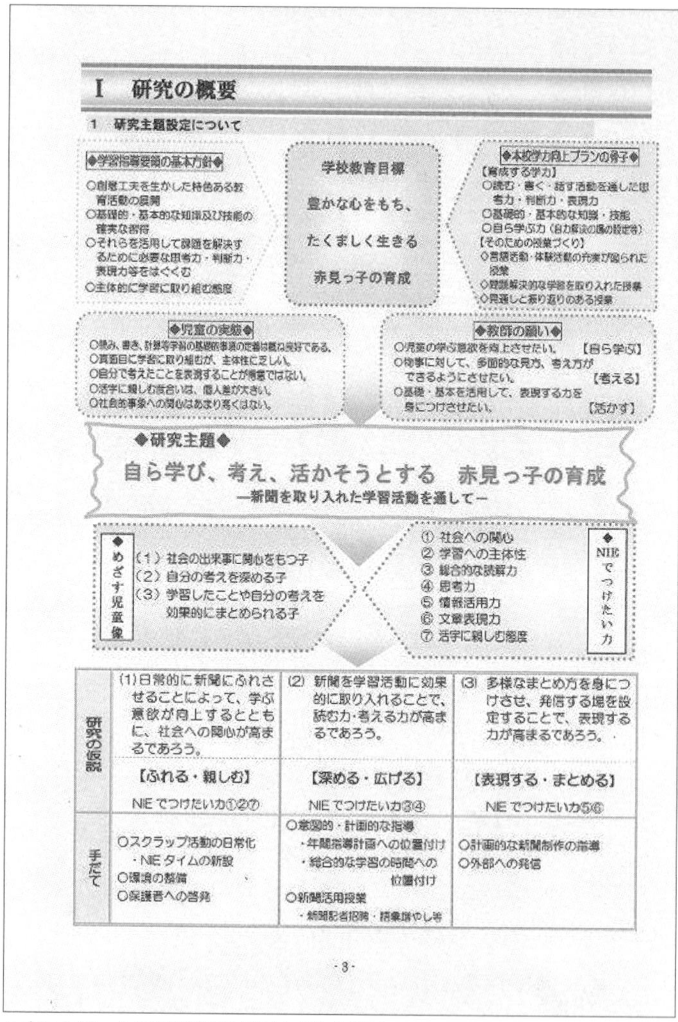

▲赤見台第一小の実践研究の概要を示した資料

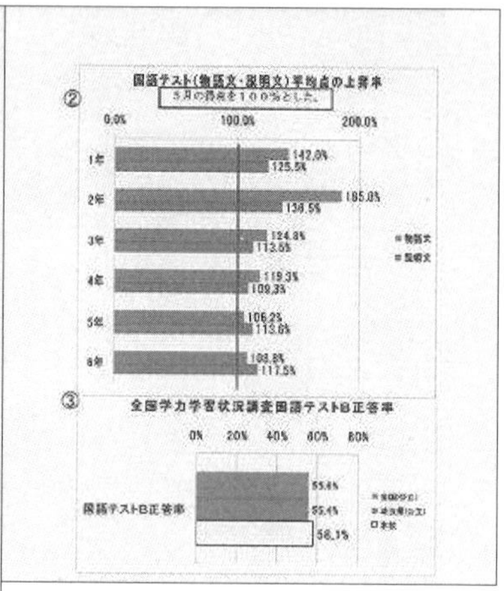

▲ NIE 取り組み後に国語テストの平均点は上昇した

▲大きな字を切り抜く２年生

学力アップにも貢献

赤見台第一小学校では11、12年度と鴻巣市教育委員会、鴻巣市教育研究会から学習指導研究を委嘱されるとともに、日本新聞協会から NIE 実践指定校に認定され、「自ら学び、考え、活かそうとする赤見っ子の育成―新聞を取り入れた学習活動を通して―」を主題として研究してきた。各教室には「NIE コーナー」があり、担任から児童に紹介した記事や、児童がスクラップ用ワークシートに気に入った記事を貼り付けて掲示し、いつも新聞が身近にあるよう環境を整えている。

11年６月と12年９月に読む頻度をアンケート調査したところ、「毎日読む」「ときどき読む」が計42.3%から計64.6%に、読む時間も「５分以上」が約49%から約74%へとそれぞれ上昇しており、「NIE タイムで新聞に触れたり、新聞スクラップに継続的に取り組んだりした成果と考えられる」と分析している。

この２年間全校をあげて NIE に取り組んだことと学力向上の相関を示すデータがある。2012年度の５月と10月に教科書会社が作成した物語文と説明文の読解問題に全学年で取り組み、５月を100%として10月の平均点の推移を見ると、１年生は物語文が142%、説明文が125.5%、２年生は物語文が185.8%、説明文が136.5%に上昇するなど全学年で物語文、説明文とも点数が上昇。高学年では説明文の上昇率が高く、同小では「論説的な表現の多い新聞に多く親しむことが説明文の正確な読み取りにつながっていると考えられる」と分析している。

また、2012年度の５年生に実施した埼玉県小・中学校学習状況調査の国語の平均点（92点）は前年度

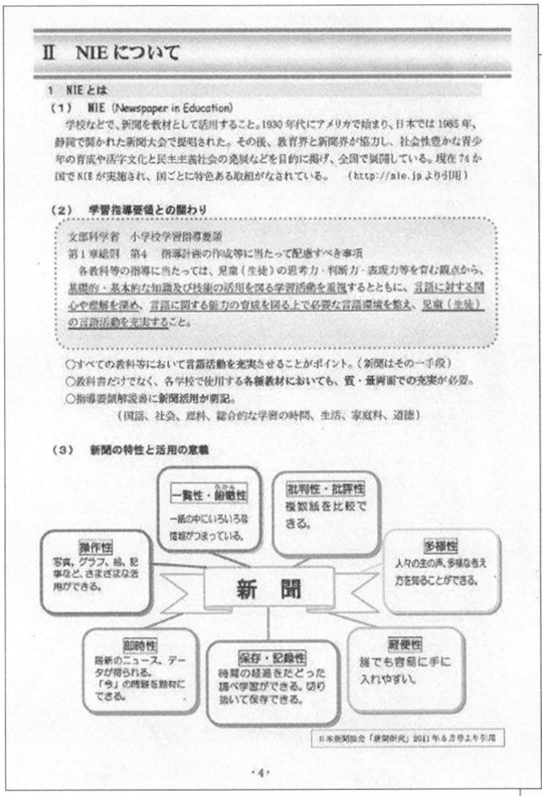

Ⅱ　NIEについて

1　NIEとは

（1）　NIE（Newspaper in Education）

学校などで、新聞を教材として活用すること。1930年代にアメリカで始まり、日本では1985年、静岡で開かれた新聞大会で提唱された。その後、教育界と新聞界が協力し、社会性豊かな青少年の育成や活字文化と民主主義社会の発展などを目的に掲げ、全国で展開している。現在74か国でNIEが実施され、国ごとに特色ある取組がなされている。　（http://nie.jpより引用）

（2）　学習指導要領との関わり

文部科学省　小学校学習指導要領

第1章総則　第4　指導計画の作成等に当たって配慮すべき事項

各教科等の指導に当たっては、児童（生徒）の思考力・判断力・表現力等を育む観点から、基礎的・基本的な知識及び技能の活用を図る学習活動を重視するとともに、言語に対する関心や理解を深め、言語に関する能力の育成を図る上で必要な言語環境を整え、児童（生徒）の言語活動を充実すること。

○すべての教科等において言語活動を充実させることがポイント。（新聞はその一手段）

○教科書だけでなく、各学校で使用する各種教材においても、質・量両面での充実が必要。

○指導要領解説書に新聞活用が明記。

（国語、社会、理科、総合的な学習の時間、生活、家庭科、道徳）

（3）　新聞の特性と活用の意義

新　聞

一覧性・俯瞰《ふかん》性　一紙の中にいろいろな情報がつまっている。

批判性・批評性　複数紙を比較できる。

操作性　写真、グラフ、絵、記事など、さまざまな活用ができる。

多様性　人々の生の声、多様な考え方を知ることができる。

即時性　最新のニュース、データが得られる。「今」の問題を題材にできる。

保存・記録性　時間の経過をたどった調べ学習ができる。切り抜いて保存できる。

経便性　誰でも容易に手に入れやすい。

日本新聞協会「新聞研究」2011年6月号より引用

-4-

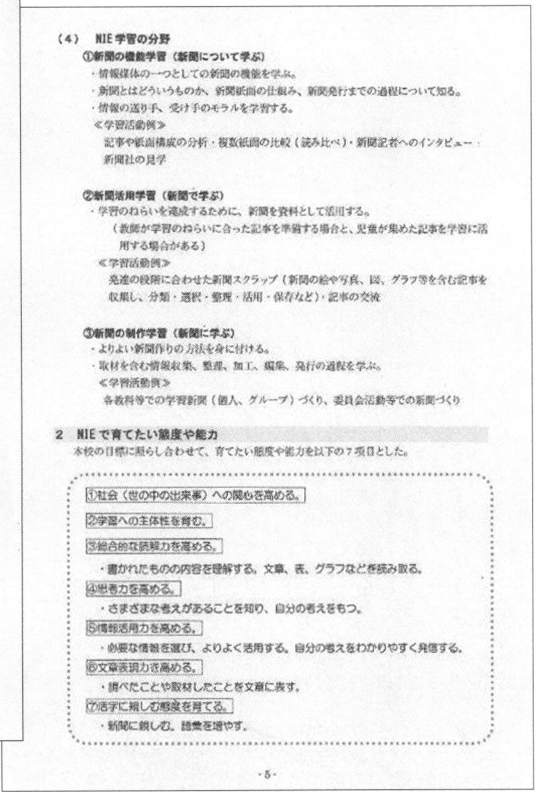

（4）　NIE学習の分野

①新聞の機能学習（新聞について学ぶ）

・情報媒体の一つとしての新聞の機能を学ぶ。

・新聞とはどういうものか、新聞紙面の仕組み、新聞発行までの過程について知る。

・情報の送り手、受け手のモラルを学習する。

≪学習活動例≫

記事や紙面構成の分析・複数紙面の比較（読み比べ）・新聞記者へのインタビュー・新聞社の見学

②新聞活用学習（新聞で学ぶ）

・学習のねらいを達成するために、新聞を資料として活用する。

（教師が学習のねらいに合った記事を準備する場合と、児童が集めた記事を学習に活用する場合がある）

≪学習活動例≫

発達の段階に合わせた新聞スクラップ（新聞の絵や写真、図、グラフ等を含む記事を収集し、分類・選択・整理・活用・保存など）・記事の交流

③新聞の制作学習（新聞に学ぶ）

・よりよい新聞作りの方法を身に付ける。

・取材を含む情報収集、整理、加工、編集、発行の過程を学ぶ。

≪学習活動例≫

各教科等での学習新聞（個人、グループ）づくり、委員会活動等での新聞づくり

2　NIEで育てたい態度や能力

本校の目標に照らし合わせて、育てたい態度や能力を以下の７項目とした。

①社会（世の中の出来事）への関心を高める。

②学習への主体性を育む。

③総合的な読解力を高める。

・書かれたものの内容を理解する。文章、表、グラフなどを読み取る。

④思考力を高める。

・さまざまな考えがあることを知り、自分の考えをもつ。

⑤情報活用力を高める。

・必要な情報を選び、よりよく活用する。自分の考えをわかりやすく発信する。

⑥文章表現力を高める。

・調べたことや取材したことを文章に表す。

⑦活字に親しむ態度を育てる。

・新聞に親しむ。語彙を増やす。

-5-

▲▶NIEへの取り組みには教育委員会の積極的な姿勢が重要になる

の５年生の85点に比べ、大きく向上。６年に実施した全国学力・学習状況調査の国語テストＢ問題の正答率は58.1％で、全国（55.6％）、埼玉県（55.4％）より2.5ポイント以上も上回った。NIEが学力向上に寄与していることがデータでも裏付けられた形で、教育関係者が強い関心を示している。

積極的な教育委員会

低学年の保護者から「ニュースを見ていて、知らない言葉を質問することが増えた」「習慣まではいかないが、新聞を手にすることがとても多くなった」などの声が寄せられている。特に、親子で一緒にスクラップに取り組むなど保護者自身も新聞への関心が高まり、家庭でニュースについて話題にすることが多くなったという。

同小がこれだけ本格的にNIEに取り組む背景で見逃せないのは教育委員会の考え方だ。「知識基盤社会といわれるこの時代、激しい変化とグローバル化の時代を担う子どもたちの『生きる力』をはぐくむ教育の基盤づくりとして、新聞を活用することは大変有効」（当時の川上彰・鴻巣市教委教育長）という姿勢が明確で、「研究の成果を市内外の学校にも広げ、今後の新聞を活用した学習活動の一端となれば幸い」と極めて積極的だ。

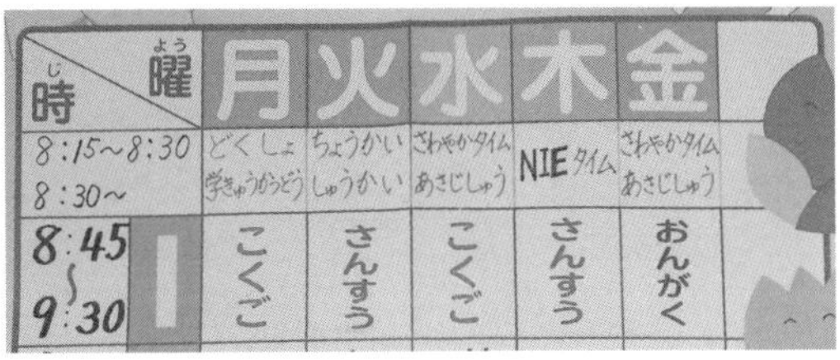

▲毎週木曜日の朝がNIEタイムとなっている

朝の「NIEタイム」は、「新聞タイム」などの名前で東京都北区立王子第三小、東十条小など先駆的に取り組む学校があり、全国に実践が広がっている。中学や高校でも実践校があり、兵庫県加西市立泉中学校では親しみやすく「朝NIE（あさにー）」と読んで、全学年で取り組んでいる。

2013年７月26日、静岡市で開かれた第18回NIE全国大会の特別分科会で実践者からその効果が報告された。朝の教室で新聞を手にする体験を持った子どもたちは、社会に敏感な大人へと成長していくことだろう。

学校ぐるみでNIE
ー東十条小の実験ー

▶東京都北区立東十条小学校

小学校で2011年度から実施された新学習指導要領は全教科・領域で「言語活動の充実」を掲げ、新聞活用を有効と位置づけた。NIEはとかく国語や社会の授業がイメージされがちだが、それで事足りるわけではない。「全クラスでNIE授業」に取り組む東京都北区立東十条小学校では、関口修司校長（当時）の強力なリーダーシップのもと、国語や社会をはじめ、音楽や体育などの授業で様々な実践が行われてきた。2011～12年度の公開授業から、ベテランも若手も教師全員で取り組んだ実践を一部紹介しよう。

国語

「こんな記事見つけたよ」。３年の教室に入ると、黒板に大きく授業のタイトル（単元名）と説明が書かれていた。「めあて　友だちにしょうかいするための記事の発表原こうを書こう」「ほうほう　話すようにていねいな言い方……」

担任の石川玲子教諭は「どんな記事だったのかなあ、というのをお友だちに伝えるように書いてください」と呼びかけた。児童たちはふだんから朝学習の時間（始業前の時間帯）に週１回行われる「新聞タイム」で新聞記事を読んで感想を書く習慣がある。その中から紹介したい記事を選び、言葉の意味や疑問を本やインターネットで調べた上で、この日の授業を迎えた。

単元は６時間構成で、各時の目標は①一番紹介したい記事を選ぶ②③関心を持った内容について調べる（この２コマは総合的な学習の時間）④調べたことをまとめ、発表原稿を書く（公開授業）⑤グループごとに発表の練習をする⑥発表会をする――という流れだ。

単元の狙いを石川教諭はこう指導案に記す。「総合的な学習の時間で取り組んできたことをもとに、『話題を決め、必要な事柄について調べ、要点をメモする』ことを狙いにして、話すこと・聞くことの力を育てていきたい。そのために、他の記事や、図書、インターネットで補助的に調べ学習を行う」

子どもたちの手元にはこれまでの授業で書いたワークシートも置かれている。

「Ｇ打線　大一番で沈黙」「選手任せ　仕掛け遅く」という記事（写真はプロ野球巨人の坂本勇人選手がバットを振った瞬間）を貼った男子児童はこう書いていた。

○この記事を選んだ理由

「ぼくのおうえんしている巨人の記事だった（のでこの記事を選びました）」

○この写真を見て　どんなことがわかりますか？

「巨人の坂本せんしゅが空振りしている様子」

○記事も読んで感想を書きましょう

「坂本せんしゅがへんか球を投げられ、空ぶり三振してしまいとてもざんねんだった。しあいでも負けてしまいざんねんだった。次は勝ってほしい」

新しいワークシートでは表現がまとまってきた。

「11月１日に巨人とヤクルトがたいせんしてヤクルトが勝った。坂本は変化球をなげられて、『申し訳ない。ぼくが打てば勝てた。力が足りない』とはなしました」

東日本大震災の記事を選んだ児童も多かった。「世界が絶句　津波の恐怖」という大津波が襲う瞬間の写真を載せた記事と震災から半年後の写真を載せた記事を貼った女子児童はこんなふうにワークシートに書いていた。

○調べたいこと

「つなみがひいたあとそこがどうなったかしらべたいです」

○わかったこと

「もとにもどっていないけど　がれきがほとんどなくなったのがわかりました」

授業開始から約30分経過したところで４人ずつ机を寄せて班を作り、お互いに記事の内容や感想を話し始めた。石川教諭が「わかりやすく書いて。こういう言葉づかいの方がいい、というところがあったら言ってあげてください」と促した。授業経験の豊富なベテラン教師の助言に、子どもたちがうなずく。現実の社会で起きている様々な出来事を学ぶワクワク感と緊張感を教室で感じた。

社会

「石巻日日新聞」と模造紙に手書きした新聞を張り出した教室は５年２組、社会の授業だ。東日本大震災で壊滅的な被害を受けた宮城県石巻市の新聞社が手書きで発行した号外（2011年３月12日、14日発行）を模したものを、担任の山野辺愛子教諭が用意した。

▲「石巻日日新聞」を模した新聞が張り出された社会の授業

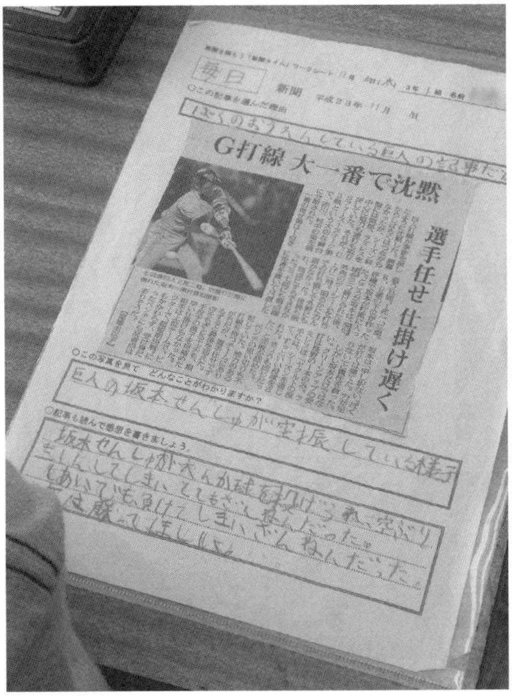

▲「こんな記事見つけたよ」の授業で児童が作ったワークシート

単元名は「情報産業とわたしたちのくらし」（６時間構成）。震災報道に絡めて「放送、新聞などの情報産業と国民生活とのかかわりに関心を持って、意欲的に調べ、これらの産業が生活に大きな影響を及ぼしていることを理解し、情報を有効に活用しようとすることができる」ことを学ぶ。まさに新学習指導要領で「新聞」に触れた改訂ポイントを踏まえた単元目標だ。

山野辺教諭はまず震災直後のテレビやラジオの番組表を載せた新聞のラテ欄を見せた。真っ白な空欄が目立つ。「被災地ではどうだったと思う？」。山野辺教諭が問う。「電気や電話が通じない」「新聞も届かなかった」。児童たちが被災地の惨状を想像しながら答える。その次に手書きの「石巻日日新聞」号外が出された意味を考える。

「普通の新聞と違うね。機械が流され印刷できないから手書きで必要なことを書いたんだね」。そう語りかけた山野辺教諭にとって教職２年目の実践だが、未曾有の災厄に絡めて指導案を作ったのは、毎朝７時前に学校に出勤して教材研究を続ける熱意の現れに違いない。また授業後に「震災下という状況における情報という限定されたとらえ方が強くなってしまうこともあった」と謙虚に省みる姿勢が印象に残った。

音楽

「トロンボーンはのびたりちぢんだりしておもしろいです」「トランペットの音は、すごく明るくてとても元気がでる音です。さびしいときにきくと体がうずうずしてくる音です」。音楽室の廊下側の壁に手作りの新聞が掲示されていた。春に開かれたスクールコンサートを聴いた３年生の「楽器新聞」だ。音色や形の特徴を知った素直な感想が楽器のスケッチとともに書かれている。

６年生の「オーケストラ新聞」には「すごいぞ！！　演奏者＆剣の舞い」「はねるような音のトランペット」などの見出しの字が踊る。

教室では３年生が「旋律の特徴を感じ取ろう」をテーマに、ベートーベンの「メヌエット」を聴いていた。森谷直美教諭の指導でグループごとに曲想をまとめた「メヌエット新聞」を読みながら感想を伝え合う。「曲のかんじをあらわすことば」と大きく書いた模造紙には「かわいい」「にぎやかな」「いさましい」「おそろしい」「かなしい」「ゆううつな」「のどかな」などを並べ、「ぴったりのことばを考えてみましょう」と呼びかける。作品から受けた印象を言語化することで、曲の理解とコミュニケーションを深める取り組みだ。

他の教科も

この公開授業は2011年11月22日、「コミュニケーション力を育み、言語力を鍛える新聞教育（NIE）」をテーマに、関口校長が会長を務める東京都小学校新聞教育研究会の第25回研究大会として行われた。６年生が「算数」で「節電」や「電力予報」の新聞記事を使って棒グラフ、折れ線グラフを学習したほか、２～５年の「国語」、１年と２年の「生活」や１年の「道徳」も新聞づくりなどに取り組んだ。

新学習指導要領の実施初年度に当たり、関口校長たちが作ったレジュメには「新聞教育（NIE）の概念図」を掲載し、育てる能力として「コミュニケ―ション力」「言語力」「思考力・判断力・表現力」「生きる力」「情報リテラシー」「PISA 型学力」「社会動体視力」を列挙し、結論としてこう記している。

「新聞教育は、決して特別な教育ではない。全ての教員が授業をよりよくし、学習を充実させるために、誰もが実践すべき教育であると考える。したがって、多くの時間や手間を掛けて研究・実践することも大切であるが、結果として、全ての教員が気軽に少しでも実践を重ねることが何よりも大切である。その意味で、新聞の教育の研究者でなければできないような授業を目指すのではなく、どの小・中学校でも少しの工夫や少しのチャレンジでできる実践可能な、つい真似したくなるような授業実践を提案していきたい」

◇　◇　◇

続いて翌2012年度、東十条小学校では第26回研究大会（2013年１月23日）の公開授業でも各教科・領域でNIEに取り組んだ。研究主題は「自分らしい生き方を実現していく幼小中のつながり～ NIE を取り入れた、生きる力を育む小中一貫教育～」。北区内の近隣小中学校と幼稚園の教員や首都圏の NIE 実践教員らが参観するなか、東十条小の教諭たちは「言語能力の育成に確かな手応えを感じている。特に書く力が身についた」と実感を込めて語っていた。

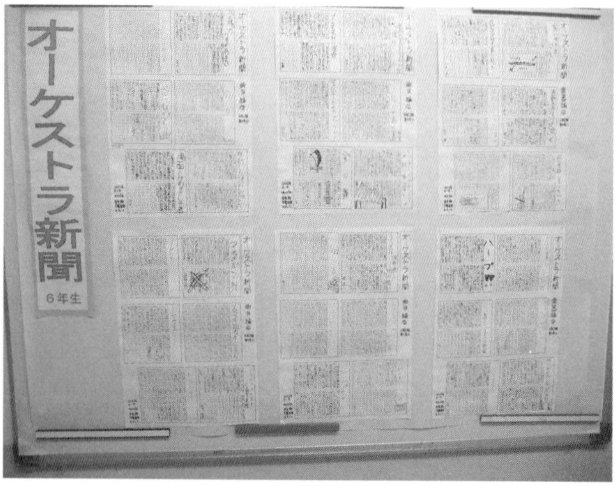

▲音楽室の壁に掲示された「オーケストラ新聞」

体育

公開授業を視察した教師や新聞記者を驚

かせたのは体育館で行われた５年生の「器械運動（マット運動）」だ。これが単元名でもある。「上達法を新聞の形で表現させよう」。水元満哉教諭は思いついた。

児童たちは開脚の前転や後転などに取り組み、それを観察する児童がジェスチャーを交えてアドバイスし、聞く側は注意点をノートに記入する。自分の身体を客観的にとらえ、言葉に置き換える野心的な実践だ。これに先立つ授業で各児童の運動をビデオ撮影し、給食の時間に見ながら動きをチェックしている。

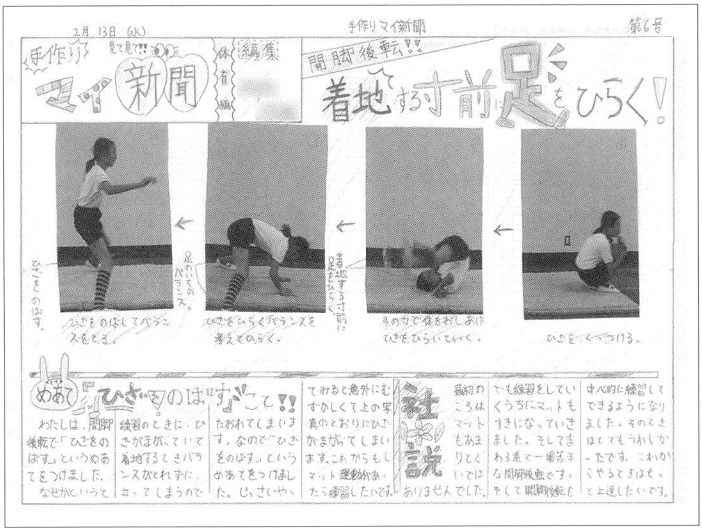

▲体育の器械体操で作られた新聞

後日届いたB4判カラーの手書き新聞を見て驚いた。マット運動の連続写真を掲載し、コメントがついている。総合的な学習の時間（２時間）を使って新聞づくりをしたのだ。水元教諭は課題克服のため「うまくいかなかった演技の写真を選ぶよう指導した」そうだ。

東十条小では前年度に６年の保健で薬物の乱用防止を訴える新聞の公共広告が使われた。見出しの一部を目隠ししたものを配り、内容を考えさせ、覚醒剤所持容疑での女優逮捕を報じた記事と合わせ、薬物乱用の怖さを学んだ。どの教室でも創意工夫をこらした実践が行われていたことに新鮮な驚きを覚えた。

校長のリーダーシップ

関口校長は東十条小の前に赴任した北区立王子第三小学校でも校長としてNIEに精力的に取り組み、始業前の時間帯に新聞に触れる実践を「新聞タイム」（NIEタイム）と称して始めた。それは日常的に新聞に触れる意義を感じたからだ。新聞活用といっても、教科の授業に仕立てるのは月に１、２回程度しかできない。そこで始業前に毎週１回の実施日を決めて取り組むことにした。研究発表でこれらの成果が紹介され、北区では2010年の「未来を担う人づくり」の事業計画「学び・拓く・北区人づくりプロジェクト」の一環として、全区立小中学校を対象に「新聞大好きプロジェクト」と銘打つ取り組みを始めている。講師派遣に補助金を出し、春のスクラップ研修会、秋の研究授業を展開するほか、区立小中学校50校にNIE担当者を配置している。

2013年春から北区立滝野川小学校に異動し、引き続きNIEを推進している関口校長は「全校あげてチームを組んで実践することが大事。継続的に取り組めば、思考力、判断力、表現力が確実に身につく」と話す。また紙媒体としての新聞について「インターネットの時代にも紙は良い。特に小学校では切ったり、貼ったり、線を引いたりなどアナログ的操作ができるものが発達段階で合っている。中学、高校、大学から社会人になる過程でデジタルを使いこなせるようになるためにも学習の基礎として大切なものが養われる」と力説する。

「こんな記事見つけたよ」▶の授業で新聞を手にする３年生たち

▲「継続は力なり」と書いた色紙を手にする関口修司校長＝2013年３月25日の卒業式で

▲体育の授業で器械体操の弱点などを指摘し合う児童たち

▲新聞を使った授業に取り組む児童

6年生の皆さん

卒業式まで、あと３日となりました。毎日、卒業式の練習で大変でしょうね。ただ、皆さんにとって最初で最後の小学校の卒業式。もしかしたら、このメンバーで会えるのは、卒業式が最後になるかもしれません。いつでも仲間と会える今までとは違います。ぜひ、全員の心を一つにして思い出に残る素晴らしい卒業式にして下さい。

そんな忙しいときに、私から皆さんにお願いがあります。皆さんは、私が校長として東十条小に来たときから、およそ４年間、ＮＩＥ（新聞の学習）を経験してきました。新聞タイムとして毎週１回は、大人の新聞も読んで感想や意見を書いてきました。担任の先生も新聞を使った授業をしたり、新聞作りをさせたりしたことと思います。皆さんは感じていないかもしれませんが、皆さんは、たぶん日本で一番、新聞を読んだり作ったりした小学生だと思います。そこで、お願いしたいことは、およそ４年間、新聞とかかわった経験を通して、思ったことや成長したこと、いやだったことなど、何でもいいですから、文章にしてほしいと思いました。皆さんのＮＩＥについての思いを教えて下さい。後輩（こうはい）達へのＮＩＥに生かしていきたいと思います。

下のらんにいっぱい書く必要はありません。もちろん素晴らしい文章でなくてもかまいません。長い文章が書きにくい人は、箇条（かじょう）書きでもいいです。よろしくお願いします。

平成２５年３月１９日

東十条小学校 校長 **関口 修司**

6年 1組（　）

初めは、めんどくさいと思っていたけど、やっているうちに、どんどん文章を読んだり、その文章の大切なぶぶんを見つけることが、上手くなりました。
ぼくは、新聞や本を読むことは、あまり好きではなかったけど、学校の、新聞の学習でいろいろなおもしろいことを見つけたことがきっかけで、新聞や本、その他、の文を読むことが好きになったのでよかったです。
学校の新聞の学習で学なんだことをいかして、これからも、新聞をたくさん読みたいです。

6年生の皆さん

卒業式まで、あと３日となりました。毎日、卒業式の練習で大変でしょうね。ただ、皆さんにとって最初で最後の小学校の卒業式。もしかしたら、このメンバーで会えるのは、卒業式が最後になるかもしれません。いつでも仲間と会える今までとは違います。ぜひ、全員の心を一つにして思い出に残る素晴らしい卒業式にして下さい。

そんな忙しいときに、私から皆さんにお願いがあります。皆さんは、私が校長として東十条小に来たときから、およそ４年間、ＮＩＥ（新聞の学習）を経験してきました。新聞タイムとして毎週１回は、大人の新聞も読んで感想や意見を書いてきました。担任の先生も新聞を使った授業をしたり、新聞作りをさせたりしたことと思います。皆さんは感じていないかもしれませんが、皆さんは、たぶん日本で一番、新聞を読んだり作ったりした小学生だと思います。そこで、お願いしたいことは、およそ４年間、新聞とかかわった経験を通して、思ったことや成長したこと、いやだったことなど、何でもいいですから、文章にしてほしいと思いました。皆さんのＮＩＥについての思いを教えて下さい。後輩（こうはい）達へのＮＩＥに生かしていきたいと思います。

下のらんにいっぱい書く必要はありません。もちろん素晴らしい文章でなくてもかまいません。長い文章が書きにくい人は、箇条（かじょう）書きでもいいです。よろしくお願いします。

平成２５年３月１９日

東十条小学校 校長 **関口 修司**

6年 1組（　）

私はNIEが好きではありませんがキライでもありません。でもNIEを経験したことによって、成長したことがあります。それは新聞を読むことの楽しさと大切さです。私はNIEを経験する前は新聞は、文字が多い、読むのはめんどくさい、などと思っていました。でも、NIEを経験して、新聞にはおもしろい記事がのっていたり、自分が気になっていた記事があったりして、とても便利なことが分かりました。また、社会の出来事を知るために、新聞はとても大切だ、ということも分かりました。この経験をこれからも生かしていきたいです。

▲▶2013年春の卒業生が書いた
「NIE についての思い」より

NIE コラム

ゲーミフィケーション

「子どもたちに楽しく新聞を読ませたい」。東京都江東区の区立第二亀戸小学校の田中孝宏校長は工夫を凝らした授業を提案し実践する。2013年度初め、4年生の教室でゲームのようなモデル授業をしたところ、児童たちは喜々として新聞を広げた。

「新聞を家で読んだことあるかな?」。児童からパラパラと手が上がった。新聞離れの実態がうかがえるが、田中校長は「今日は『新聞ってなに?』というお勉強をしたいと思います」とにこやかに新聞を広げた。

「はい、この新聞の中にいろんな人の名前が出てくるんだ。名字を見つけたら紙にどんどん書こう。自分の書いた名字に、お友だちが誰も同じ名字を書いていなかったら1点あげよう。それから、自分の選んだ名字を、もし20人以上の友だちが書いていたら2点というルール。だから『みんなが書くだろうな』という名字と、『誰も書きそうにないな』という名字の両方を書くといいね」

子どもたちが新聞を広げ、鉛筆を動かし始めた。5分後、「はい、それでは名字を言ってもらいます」。田中校長はある男の子の机をのぞき込み、「○○君は『小谷野』という名字を書いてくれました。だれかこの名字を書いた人はいる?」と尋ねた。手が上がらない。同じ名字を書いた子はいないようだ。「はい、○○君は1点をゲットだよ」との声に、男の子がうれしそうな顔を見せた。

▲ゲーム感覚の新聞活用授業を実践する田中孝宏校長

「鈴木」という名字が読み上げられると、すぐに数人から手が上がったが、20人には及ばない。「はい、0点です。じゃあこれはどうかな?」。こんどは「徳川」と板書した。子どもたちが「わーっ」「徳川家康だ」と歓声を上げたが、だれからも手が上がらない。「こういう昔の人の名字は1点取れるよね」と田中校長。この名字を見つけた男の子が「やったー」と歓声を上げた。授業開始から約15分だが、一気に盛り上がった。

これはゲーム的要素を組み込んで子どもたちの意欲を高めるゲーミフィケーションの手法だ。「最近の子どもたちにとって、新聞は『知らないメディア』です。そこからスタートしないといけません」。そう話す田中校長は今どきの小学生について「社会的な問題について話す機会がなく、ゲーム的な要素がないと動かない。まずは楽しみながら新聞に触れさせよう」と考え、いくつかのアイデアを提案する。

たとえば、紙面で人名を見つけ、ひたすら○印をつけていく「見つけたよ、こんな人!」という実践。「よーいドン!」で始める。「早くたくさん見つけた人が勝ちだよ、と言うと子どもは必死で新聞を見ます」と田中校長。何分かたって○印をつけた人名を挙げさせる。先生が「何をした人?」と尋ねる。子どもが答えられなかったら先生の勝ちで、答えたら先生の負け。だから子どもは懸命に記事を読む。

地名を見つける「知ってる?この場所」や、「数々の数字」も同じアイデアで、田中校長は「知らないうちに記事を読んでいて、グループで取り組み、点数をつけるともっとおもしろくなる。子どもたちが楽しんで新聞を読める工夫が必要」とアドバイスする。

▲児童は新聞で見つけた名字を次々書き出した

ICT活用で新聞づくり

▶和歌山県有田郡有田川《ありだがわ》町立修理川《すりがわ》小学校／西ケ峯《にしがみね》小学校

NIE（教育に新聞を）活動をペーパー（紙）ではなく電子媒体を活用する実践も始まっているが、その前段階としてパソコンのタブレット端末を子どもたちに配布する動きが広がっている。和歌山県の過疎地の小規模校で、ICT（情報通信技術）活用プロジェクトを展開してタブレット端末を駆使した新聞づくりへの取り組みを取材してみると、子どもたちの読解力や思考力を高める学習効果を期待するとともに、過疎のハンディをICTで打ち破ろうという発想がうかがえた。

過疎の小学校にタブレット端末

2011年の晩秋。紀伊半島北西部の有田川町で児童数が最も少ない６人という町立修理川小学校（12年３月閉校）を訪ねた。高野山を源流とする有田川が蛇行する山あいにある。オープンスペースの教室に６年生３人の姿があった。総合的な学習の時間で、単元名は「修学旅行の思い出を伝えよう」。ICTの活用を目的として、見出しや写真をレイアウトできる新聞作成ソフトを使った授業だ。

電子黒板に文字が浮かんだ。「下級生や家の人に伝える」「自分の思いや考えを入れる。キャラクターのふきだしの利用」と書いてある。新聞とスピーチで低学年の児童に修学旅行の楽しい思い出を伝えるのだ。小川時子教諭が指差す電子黒板に「新聞の特徴」として、①いくつかの記事が集まってできている②一番知らせたい記事が、始めに大きくのっている③記事ごとに見出しがついている（見出し・・・書かれた内容を短い言葉でまとめている）④写真や絵などが効果的に使われている⑤新聞名と発行日、発行者が明記してある――と並べて書いてあった。

さっそく児童らはタブレット端末に備わっている新聞作成ソフトの操作を始めた。画面をのぞくと、「楽しかった修学旅行」の文字が見える。「文章にあった見出しができましたか？」。小川教諭から声がかかった。

南萌乃さんのタブレット端末で作りかけの新聞が、教室の電子黒板にも同時に映し出された。「なにもかも大きい東大寺」の見出しが映ると、同級生の河村優弥君、林紅楓さんが「あーッ」とうれしそうに声を上げた。楽しかった京都、奈良の修学旅行がよみがえる。萌乃さんは「大仏がすごく大きかったから、その時の気持ちを表現したかった。うまくいった」と満足の様子だった。

新聞作成ソフトは手書きに比べ、記事の下書き、割り付け、残りの文字数の計算など便利な点がある。題材は学校行事が多いが、教室の壁には子どもたちが歴史を調べ、写真と年表に自分の意見を加えた「徳川新聞」や「織田信長新聞」も掲示されていた。

３人は「初めてパソコンを手にしたのは５年生の２学期で、自然に慣れた」「文章の構成は難しいけど、見出しや写真選びは段々上手になってきた」と話した。新聞が完成に近づくと、互いに読み合い、推こうして仕上げた。それを電子黒板に映し、プレゼンテーションしたという。

写真を使った巧みなレイアウト

さらに有田川支流の谷筋にある町立西ケ峯小学校を訪ねると、６年生４人が視聴覚室の固定式パソコンで修学旅行の新聞を制作していた。目的はICTの活用だ。「総合的な学習の時間」に「修学旅行の感動を伝えよう」という単元を設けた。１学期には国語の授業で「ようこそ、私たちの町へ」と題した単元でPRパンフレットを作っており、この時も新聞作成ソフトを使った。

一人のパソコン画面を見ると、A4サイズに法隆寺や奈良公園のシカなど13枚の写真を組み込み、赤、緑、紫などのカラフルな見出しがついていた。担当教師は「レイアウトなど毎回楽しく取り組んでいて、写真を選ぶのが上手になった」と話していた。

修学旅行特集④　平成２３年11月22日発行　担当 [redacted]

奈良

法隆寺

五重塔がある法隆寺
昼ご飯を食べた古都屋
鹿がたくさんいた若草山、
でかい大仏の東大寺について紹介します。

法隆寺は五重塔がとても高くてすごくびっくりしました。他にも金堂や夢殿などありました。金堂はあまり高さはなかったです。でも建物はとてもりっぱでした。建物の中にまた建物があるのがびっくりしました。

古都屋

古都屋は昼ご飯を食べたところです。奈良での買い物はここだけでした。

鹿の城

奈良公園にはいっぱい鹿がいました。鹿せんべいを持っていると寄ってきてお辞儀をしてくれました。かわいかったけど、いっぱい寄ってこられると、とっても怖かったです。若草山のてっぺんから見た景色はとっても綺麗でした。

でかいぞ。これは。

東大寺

東大寺は中も広かったし、外から見るとすごく大きかったです大仏もすごく大きかったです。

大仏の鼻穴と同じ大きさをした柱をくぐりました。はじめはたけど、絶対入らないかなぁと思っていたけど、余裕で入れてよかったです。柱の中はつるつるしてすべりやすかったです。初めて大仏を見たのでとってもでっかくてびっくりしました。

感想

私が奈良ですごく印象に残っていることは、やっぱり鹿が追いかけてきたり、鹿のふんがいっぱいあったりしたことです。座るところもないぐらいあったので気持ちわるかったです。

京都もいっぱい楽しかったところがありました。特に映画村の寺子屋体験で一番前の真ん中あたりの所に座っていたので剣などを紹介してくれるときにいろいろ触らせてもらったり持たせてもらったりしました。めっちゃうれしかったです。

旅館で、鳥小や小川の子と仲良くできてうれしかったです。

旅館で食べたご飯や、映画村で食べたカレーライスや、古都屋でたべた弁当など全部完食出来てよかったし、とっても美味しかったです。京都のタクシーの上にはハートマークや、クローバーの模様とかいろいろあったのですごかったです。とっても楽しかったです。

▲西ヶ峯小学校の６年が作った修学旅行の新聞

黒板に注意事項が書かれていた。「①用紙　A4たて②４段組、段落分け③文字サイズ12p ④見出し、リード文、キャプション（写真の説明）を書く⑤本文　重要なことから書いていく⑥感想（編集後記）もわすれずに」。こちらは手書きだった。

６年生がそれぞれの感動をつづった新聞は学校のホームページにアップされ、校外へと発信された。

同小は教員がICT活用の研修を受け、15人の全児童にデジタル機器を積極的に使って授業をしている。複式学級の低学年児童は電子黒板を使って英語学習を、中学年はタブレットパソコンで漢字の筆順のドリル学習をしていた。

ICTに対する中高年教師のアレルギーや、学校によって導入への温度差があることをよく耳にする。ICT活用の是非に関する言及はここでは控えるが、堀内千佐子校長（当時）は「下手でも遅くてもやろうという姿勢」を強調し、「気軽にパソコンを使えるよう、出勤したら電源ONに、誤りは訂正すればいいですよ」と教員に呼びかけたという。

紙と電子のバランスが課題に

有田川町の２小学校がデジタル新聞づくりをカリキュラムに組み込んでいたように、パソコンやデジタルカメラを活用することで、短時間のレイアウト作業でも完成度の高い新聞が仕上がることから、ICTを活用した新聞づくりはさらに普及するだろう。

毎日新聞社が1951年から主催する「全国小・中学校・PTA新聞コンクール」にも、第60回の2010年から「デジタル活用新聞賞」が新設され、デジタルツールを活用して作った新聞を対象に優秀作を表彰することになった。

実は1983年から85年まで、私は有田川町などを含む地域を管轄する和歌山支局湯浅駐在に赴任していた。山奥の小学校分校で「たった一人の入学式」を取材したこともあり、行政はすでに過疎化に伴う

▲新聞制作の手順を書いた黒板＝西ヶ峯小で2011年11月18日

「農家の後継者問題」に直面していた。その後も若い世代の流出は続いている。そうした危機感もあったのだろう。有田川町では役所に置いたサーバーを基点としたネットワークで全教員がパソコンで情報伝達やメールを日常的に行っている。

政府は2020年度までに児童生徒に１人１台の情報端末を配備する方針だが、文部科学省の調査では、全国の公立小中学校、高校、特別支援学校に導入された学習用パソコンは2010年段階で６人につき１台程度の割合だ。

和歌山県教委は2010年度から、半導体大手のインテル（本社・米国）、放送大学ICT活用・遠隔教育センター（千葉県）と連携した「和歌山Ｔ21プロジェクト」をスタートした。修理川、西ケ峯など県内の小規模小４校の全児童に、デジタルペンで画面に書き込みができる学習用タブレットパソコンを１台ずつ配備した。

各校とも学校行事や地元の特産品や町の紹介を盛り込んだ新聞を作るほか、地理的に交流が難しい他校とパソコン画面で互いの新聞を見ながら意見交換する計画も行われている。

ICTの活用は学習効果や影響について長期的な検証が必要だと思う。教科書の質量感などリアルな感覚を大切にしたい、という現場の声は単に感情論ではなく、脳科学者の中にも科学的分析を伴う否定的見解がある。また、デジタルでは生かしづらいベテラン教師の指導経験や知見はどうするのかという本質的な問題も抱える。

それでも自分専用の端末を持つことで、意思表示が苦手だった児童が主体的に意見発表し始めた、との報告があり、和歌山県教育委員会の中井章博・学校指導課指導主事は「読解力、情報整理力、発信力、書く力などが総合的に向上している」と分析した。ICTは是か非かという二者択一ではなく、それぞれのバランスが重要になるだろう。

▼６年生３人が学ぶ教室にタブレット端末が配備されていた＝修理川小で2011年11月18日

▲真剣な表情で新聞制作に取り組む児童たち＝西ヶ峯小で2011年11月18日

NIE コラム

社説の比較読み

「筆者が伝えたいところだな、というところに線を引きながら、朝日、毎日、読売の社説を比べて読んでみましょう」。２０１３年２月１日、東京都多摩市立大松台小学校。５年生に高橋久美子教諭が呼びかけた。社説の比較読みは、多様な意見があることに気づき、思考を深められるＮＩＥ活動として推奨されている。筆者も参加した授業を紹介したい。

子どもたちがまず手元の社説コピーに線を引きながら読み進める。大阪市立桜宮高校の体罰問題に絡む体育系学科の入試に関する社説で、朝日が「生徒に罪はない」、毎日が「入試中止要請は筋違い」、読売が「深刻な体罰が招いた中止決定」という題をつけている。

黒板には各紙社説の文章を印刷した模造紙が張られている。15分が過ぎ、赤マジックを持った高橋教諭が「それでは朝日新聞からいきましょう。筆者が思いを込めたところは？」と声を掛けた。「……明らかにすべきだ」「……受け止めるべきだ」。次々に手が上がる。「そう。また『べきだ』が出てきましたね。書いた人はそう思ったのね。赤だらけになってきました。ということは意見だらけですね」

次は毎日新聞。「……てはならない」「……望みたい」「……なりかねない」。子どもたちが競って答える。線を引くのに忙しい高橋教諭は「なりかねない。なるかもしれないよ、ということですね」。こちらも模造紙が赤くなってきた。さらに読売新聞でも子どもが「はーい、はーい」と手を挙げた。

「どう？これだけある、ということは、事実と意見のうち社説には意見がいっぱいあるということですね」。社説の特徴を視覚で示した高橋教諭は続けた。「朝日、毎日、読売の違いってなに？一番線が多かったのはどれ？」。どうやら赤い線は朝日新聞が多いようだ。

▲体罰の記事を参考に社説の特徴を学ぶ児童たち

ここで引き継いだ私はこう説明した。「比べてみると、朝日は『べきだ』が４カ所ありますね。『べきだ』『べきだ』と言うと、何か迫ってくる感じですね。毎日は１カ所、読売はなかったですね」

実は３紙の比較で気がかりな点があったのでこう加えた。「教科書と違って新聞には日付がありますね。この社説も朝日が１月の18日、毎日が20日、読売が22日と違います。新聞は毎日起きていることを追いかけるので、書き方も日々変わります。この大阪の問題も重要なことが21日にありました。桜宮高校の体育学科の入試中止が決まったのです。朝日と毎日の社説はその前に書いたから『べきだ』という表現をしたかもしれないし、読売は中止した後なので『べきだ』とは書きにくいですね」

最後にサプライズを用意していた。「社説を書いている人を論説委員と言って、その中心の人を論説委員長と言います。今日はその人が来ています。あのおじさんです」と、参観していた倉重篤郎・毎日新聞論説委員長を紹介した。

「えー」と驚く子どもたちに、倉重委員長は笑顔でこう語りかけた。「私も皆さんと同じ多摩に住んでいます。社説っていうのは自分の言いたいことを上手に書いて、人を説得してその方向に動かす力となります。さっき赤いマークをしてもらったような意見を書くのです。皆さんも社説を書いてみてくださいね」

▲社説の文章に印をつけようと児童たちの発言を聞く高橋久美子教諭

「海よ光れ」
―震災からの再起を託した学校新聞

▶岩手県下閉伊《しもへい》郡山田町立大沢小学校

≪三月十一日。激しい地震が起こり大津波が大沢の町をおそいました。家族とも会えない人がたくさんいました。子ども同士で体を寄せ合って夜を過ごしました。何回も何回も余震が起きとても怖い日でした／あの日から一ヶ月余り経ち、がれきの片付けが進みました。大沢の町も復興に向かってどんどん進んでいます／今日大沢小学校も新学期が始まりました。親戚の家や他の地区から通う人もいます。他の学校へ転校していった友達もいます／これまでとはちがった学校生活になりますが大沢小学校の児童は今までと変わらず笑顔で活発な子どもでいましょう……≫

これは大津波に襲われた岩手県山田町の町立大沢小学校が震災翌月の2011年４月19日付で発行した学校新聞「海よ光れ」に、当時６年だった大川海成君が書いたトップ記事だ。

津波にのまれた町

大沢小は沿岸部に近い高台で津波の直撃を逃れた。児童123人は学校にいて全員が無事だったが、彼らの家の多くは全半壊の被害を受けた。惨状に打ちひしがれた町民を勇気づけたのは子どもたちが復刊させた学校新聞だった。

大沢小は2004年度、当時の渡辺真龍校長の指導で新聞づくりの取り組みを始めた。高学年対象に講習会を開いて「個人新聞」を作り、同年９月から児童会執行部が学校新聞「海よ光れ」を毎月発行してきた。この新聞名は津波被害に立ち向かって海と共生してきた歴史を伝える学校劇に由来する。

ここ数年、「全国小・中学校・PTA新聞コンクール」（毎日新聞社など主催）で全国トップレベルの成績を重ね、震災がなければ６年生の卒業記念の３月号を発行する予定だったが、「1000年に１度」といわれる大地震で町は壊滅的な被害を受けた。沿岸部の住宅地は更地と化し、町内全体で世帯数の半数近い3000世帯余りの建物が全半壊の被害を受けたのだ。

「あなたたち、町をしっかり見ておきなさい。そして被災者を励ますような新聞を作ろうよ」。新聞づくりを指導する佐藤はるみ教諭が児童会のメンバーたちに呼びかけた。大川海渡君、海成君の双子兄弟、武藤愛さん、福士悠太君の４人が立ち上がった。学校で町民ら百数十人が避難生活を送っていた混乱のさなかのことだ。

被災者を励ましたい

「負けるな　よみがえれ　大沢の海よ光れ！」――。新学期開始の４月19日付で、大きな横見出しの第78号「海よ光れ」（B4両面刷り）が完成した。

トップ記事を担当した大川海成君は自宅が100メートル以上流され、親せきの家に一家で避難生活を送っていた。春休み中の締め切りまでに原稿が書けなかった。見出しだけは決めていたが、震災の衝撃があまりにも大きく、「何を書いていいかわからない」と苦しんだ。

佐藤教諭から「いいんだよ、つらかったことを書いていいんだよ」と言われてペンを握り直し、記事をこう結んだ。

≪大沢の人達が元気を出せるようにまず私達が元気よく明るく生活しましょう。そしてみんな仲良く助け合い暮らしましょう。きっと元の明るい町に戻れます！≫

大沢小で避難生活を送っていた１年後輩の福士悠太君は同じ立場の被災者を勇気付けようと、「さすがだ！！　大沢！」の見出しを付けた記事を載せた。

≪大沢小学校は、二日間、孤立していました／それを救ったのは、地域のみなさんでした／地域のみなさんは、すぐに壊れた家から、お米や毛布やまきを持って来てくれました。誰からともなく火を起こし、ごはんの支度をしてくれました。やっぱり大沢は団結力があるなと感じました。いざという時に助け合える大沢って素晴らしいです。これからも、地域の人と助け合っていきましょう≫

他の２人の記事も、ボランティアへの感謝や復興への決意でペンに力が込められていた。裏面では「全国からたくさんの応援　2101通」の大見出しで、「ぼくがすんでいるかん西ににげてきた人がいたら、やさしくしてあげたいと思います」（兵庫県西宮市の小２生）、「わたしたちは、そばにいけないけれど、ぼきんやいろいろなかつどうをしておうえんしています」（北九州市の小１生）などの応援メッセージの一部をコラージュ風に紹介した。この再起を託した復刊号を、福士君らは避難所や仮設住宅に一軒ずつ配達して回った。

人、学校、地域を結ぶ新聞

2011年９月、新聞づくりを通して前を向こうとする子どもたちに会いに山田町を訪ねた。穏やかな海を見渡す夕暮れの大沢小学校の校庭に佐藤教諭や教え子がいた。眼下には津波で更地となった空き地があり、淡いピンクのコスモスが揺れていた。

その夜、海成君一家の暮らす仮設住宅で佐藤教諭や同級生の親たちと語り合った。

「津波が来ると思って俺は自分の船が壊されないよう沖に向かい、嫁さんは山側へ避難してな……」。

(1)平成23年4月19日
学校新聞「海よ光れ」 第78号
負けるな大沢の
よみがえれ 海よ光れ!
海よ光れ
第78号
山田町立大沢小学校
山田町大沢6-51
大川海波
武藤愛
福士悠太
大川海成
思いやりをもって
ありがとう
さすがだ!! 大沢!
頑張って下さい!
本当にありがとうございます
(2)
全国からたくさんの応援
2101通
げんきをだしてくださいね。わたしたちは、そばにはいけないけれど、ぼきんや、いろいろなかつどうをして、おうえんしています。
福岡教育大学附属小倉小
応援ありがとうございます!
被災地のみなさんへ
みんなで手と手をつなぎ合ってみんなで協力し合って
勇気をふりしぼって生き延びて下さい!!
早くみんなの笑顔がもどりますように
西宮市 丸山いつ季
丸山いつ季さんの手紙にかかれていたイラストです。
がんばれ
東日本大しんさいでひさいされたみなさん、大へんだったようですね。ひなん生活をしている方、ちょうしはどうですか。大へんだと思います。みなさんたすけあって生きて下さい。ぼくがすんでいるかん西ににげてきた人がいたらやさしくしてあげたいと思います。

▲学校新聞「海よ光れ」第78号

▲復刊した学校新聞「海よ光れ」を避難所に配る児童

▼「よみがえれ大沢」と書いたポスターを児童らは被災地の電柱に張った

漁師をしている海成君の父親は津波襲来前に船で山田湾内から避難した様子を振り返った。食卓には思春期を迎えた息子たちが照れくさそうに座っていた。翌日は山田八幡宮で「山田の祭りをふたたび」と書かれたTシャツを着た福士悠太君が秋祭りの獅子舞の手伝いをしている姿を見た。確かに子どもたちは震災後、前を向いてしっかりと生きていた。

震災からの再起を学校新聞の復刊に託した体験を佐藤教諭は震災から半年後の10月８日、毎日新聞東京本社で開かれた「新聞活用実践教室」で報告した。

大沢小では児童会執行部の全員が「トップ」や「かこみ」などの記事にふさわしい内容を持ち寄って編集会議にかけ、ニュース性の軽重や話題性に応じて紙面の割り付けを決める。

佐藤教諭は新聞制作のメリットとして、（１）児童を育てる（２）学校を育てる（３）地域を育てる——の３つの「育てる」を強調した。

新聞は人や学校、地域を結ぶ存在だと考えて指導したという佐藤教諭は涙で声を詰まらせながらも力強くこう語った。「しっかり町を見て、あなたたちが将来の語り部になるのよ、と卒業する子たちには言いました。もし新聞を作っていなかったら、子どもたちは自分たちの不幸をのろったり、悲しんだりしていたかもしれない。でも、自分の体験や感謝の気持ちを新聞につづることで、前を向く気持ちになったと思います」

教師としての覚悟、熱意があふれる言葉に、受講者たちは感動の面持ちだった。

新聞コンクールで内閣総理大臣賞

一方、同小児童らは３・11以降の出来事を「震災日記」にまとめ、毎日小学生新聞がそれを紙面で「大沢からの報告」として随時掲載した。大きな反響を呼んだそれらの記事は、2012年春、「震災日記　津波に負けない—大沢の子どもたちが綴った３・11からの一年間」（毎日新聞社）として出版された。

そのあとがきで、佐藤教諭はこうつづっている。

「新聞を書くことは、作文力、構成力等の技能面での向上だけではなく、記事の中で、自分はどう考えるか、自分はどうありたいかなど、自分を振り返り、意識を高めるという内観的なよさをもっています（中略）過酷な体験をした子供たちは自分の心と向き合い、新聞に表すことで前向きな気持ちを持つことができたと思います。子供たちの笑顔は私たちの慰めになり、希望の光となりました」

これは、福島県立いわき総合高校演劇部が原発事故をテーマにした創作演劇で震災後の一歩を踏み出したとき、演劇部顧問の教師が「心に抱えていることを表現することによって生徒たちは整理しようとした」と語った言葉と重なる。演劇や音楽、美術などと同じように、山田町の子どもが未来に進むとき、新聞づくりは大きな意味を持ったに違いない。

震災後も発行を続けた「海よ光れ」は「第61回全国小・中学校・PTA新聞コンクール」（2012年３月発表）の「小学校・学校新聞の部」で最優秀の内閣総理大臣賞に輝き、翌第62回も文部科学大臣賞を受賞した。

祝100号

2013年３月18日、記念すべき第100号の「海よ光れ」が発行された。４ページ構成で、１面には「88人の頑張り　この一年」の見出しが踊り、全児童が１年を振り返り、児童会、そして自分はどのくらい成長したかを自己採点する内容だ。

２、３面は「祝100号ついに達成！」と「６年生へのメッセージ」の両ページにまたがる大見出しがつけられた。その中で児童、保護者へのアンケート結果が紹介され、保護者は98%が「毎月読んでいる」または「ほとんど読んでいる」と回答したが、児童は59%にとどまり、「読んでない」と答えた児童の大半が１、２年生だったため、「低学年にも読んでもらえるような工夫をしなければいけない」とつづり、読み手を考えた新聞づくりの姿勢がうかがえた。最終面は「ありがとう！六年生16人！」で卒業生への顔写真付きインタビューが掲載され、「伝統を引き継いで頑張ってください」などのメッセージが寄せられた。

大沢小の新聞づくりを震災直後から見つめ続けた（18、19ページの写真も撮影した）毎日小学生新聞の篠口純子記者は「惨状を目の当たりにしながら、自分たちにできることをしようと小さな記者たちが奮闘していた。文章の一文字一文字、見出しやレイアウトに、町への思いや復興への願いがあふれていて、その精神は次の代へとしっかり受け継がれている」と話している。

▶佐藤教諭（右）の指導で新聞づくりに取り組む児童ら＝大沢小学校で２０１１年７月

▼学校新聞「海よ光れ」発行の行程をまとめた資料

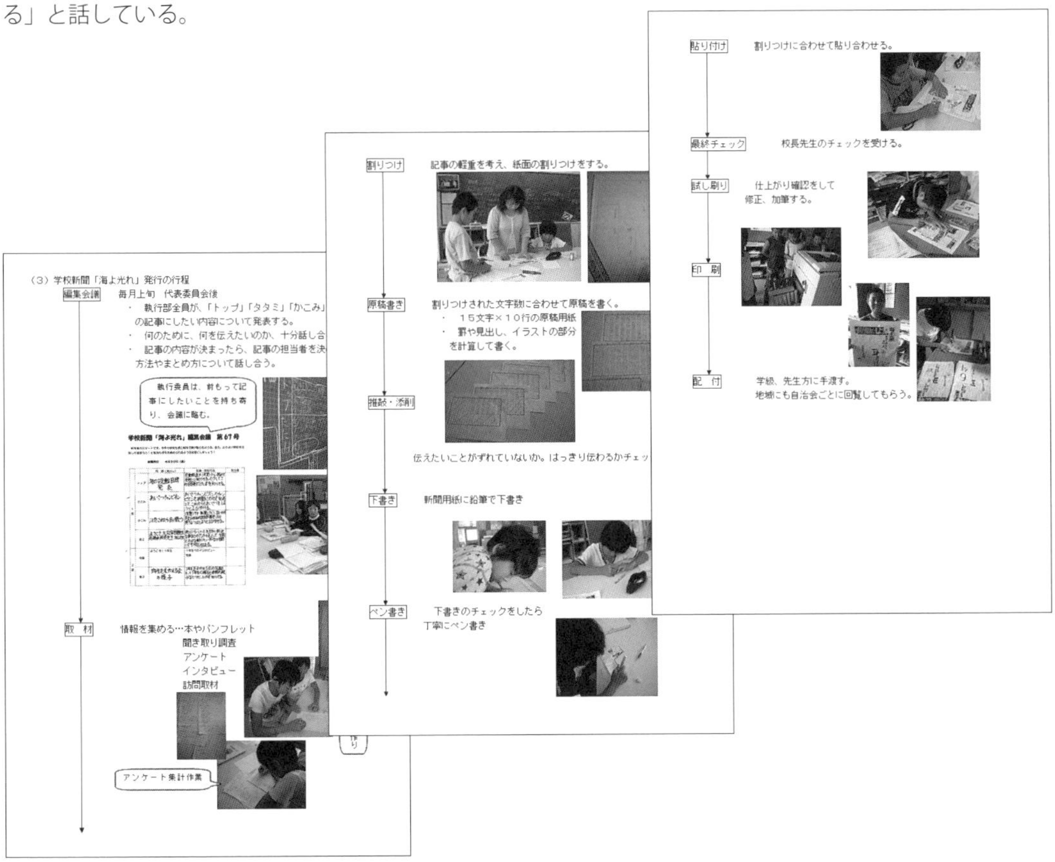

（３）学校新聞「海よ光れ」発行の行程

編集会議　毎月上旬　代表委員会後
・　執行部全員が、「トップ」「タタミ」「かこみ」
の記事にしたい内容について発表する。
・　何のために、何を伝えたいのか、十分話し合
・　記事の内容が決まったら、記事の担当者を決
方法やまとめ方について話し合う。

執行委員は、前もって記事にしたいことを持ち寄り、会議に臨む。

学校新聞「海よ光れ」編集会議　第67号

取　材　情報を集める…本やパンフレット
聞き取り調査
アンケート
インタビュー
訪問取材

アンケート集計作業

割りつけ　記事の軽重を考え、紙面の割りつけをする。

原稿書き　割りつけされた文字数に合わせて原稿を書く。
・　１５文字×１０行の原稿用紙
・　罫や見出し、イラストの部分を計算して書く。

推敲・添削　伝えたいことがずれていないか。はっきり伝わるかチェッ

下書き　新聞用紙に鉛筆で下書き

ペン書き　下書きのチェックをしたら丁寧にペン書き

貼り付け　割りつけに合わせて貼り合わせる。

最終チェック　校長先生のチェックを受ける。

試し刷り　仕上がり確認をして修正、加筆する。

印　刷

配　付　学級、先生方に手渡す。
地域にも自治会ごとに回覧してもらう。

中学校 編

鎌田實さんの新聞コラムで道徳学ぶ

▶東京都目黒区立第十中学校

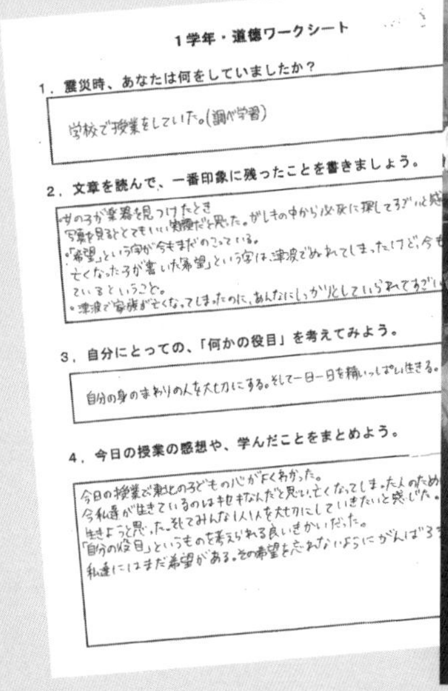

1学年・道徳ワークシート

1．震災時、あなたは何をしていましたか？

学校で授業をしていた。(調べ学習)

2．文章を読んで、一番印象に残ったことを書きましょう。

・女の子が楽器を見つけたとき
写真を見るとてもいい笑顔だと思った。がれきの中から必死に探してすごいと感
・「希望」という字が今もまだのこっている。
亡くなった子が書いた「希望」という字は、津波でぬれてしまったけど、今も
ているということ。
・津波で家族が亡くなってしまったのに、あんなにしっかりとしていられてすごい

3．自分にとっての、「何かの役目」を考えてみよう。

自分の身のまわりの人を大切にする。そして一日一日を精いっぱい生きる。

4．今日の授業の感想や、学んだことをまとめよう。

今日の授業で東北の子どもの心がよくわかった。
今私達が生きているのは奇跡なんだと思い、亡くなってしまった人のため
生きようと思った。そしてみんな1人1人を大切にしていきたいと感じた。
「自分の役目」というものを考えられる良いきかいだった。
私達にはまだ希望がある。その希望を忘れないようにがんばろう

医師で作家の鎌田實さんが毎日新聞に連載しているコラム「さあこれからだ」を教材に、東京都目黒区立第十中学校（木野村雅子校長）で１年生の道徳授業が行われた。鎌田さんはあごひげのある柔和な顔立ちが印象的で、東日本大震災の被災地を精力的に訪ねている。使用した記事は被災地を取材してつづった「子どもたちの希望」（2011年９月10日付朝刊）というコラムだ。

児童が遺した「希望」

「これはだれが書いたと思いますか？」。2012年６月27日、１年の教室黒板に「希望」と書かれた習字の写真が２枚掲げられた。男性教諭の問いに首をひねる生徒たち。津波に襲われた宮城県石巻市立門脇小学校で鎌田さんが目にした６年生の習字だという。そのうち１枚を書いた児童は津波で亡くなったことを先生が説明した。

この授業は１年生の３クラスが各教室で同時に行った。震災から１年３カ月余り、震災報道も発生当初に比べかなり減っている。「同じ年齢の子どもたちの過酷な運命を思いやり、命の尊さ、自分の生き方を深く考える」との学習指導案に沿った授業だ。「希望」と書かれた習字は鎌田さんらが東北への支援活動を記した写真エッセイ集「希望　命のメッセージ」（東京書籍）から引用した。

がれきから楽器が見つかる

「鎌田さんはチェルノブイリやイラクで子どもたちへの医療支援を行ってきました。チェルノブイリを知っている人はいる？」。先生が教室を見渡すと、生徒たちは「原発事故があった」「放射能で汚染された」などと答えた。先生は「そんな鎌田さんがこれを書きました」と説明し、記事をていねいに朗読した。

▲「希望」と書かれた習字の写真が黒板に貼られた

「この記事で一番印象に残ったことを書きましょう」。先生の指示で生徒たちはワークシートに書き始めた。「ヒロカさんの『私は何かの役目があるから生き残ったのだと思います』という力強い言葉」「ヒマラヤスギが残ったこと」「がれきから女の子たちが楽器を見つけた時の歓声」……。思い思いの言葉でつづる。

さらに先生が「何かの役目ってなんだろうね。君たちにもあるのでは？」と問いかける。生徒たちは「未来に向かって生きていき、人の役に立つこと」（女子生徒）、「東京が被災しなかったのは偶然だから、震災を忘れないことが大事」（男子生徒）などの答えがあった。ワークシートに「被災者の悲しみを背負って、自分の未来を被災者にはずかしくないようかがやかせる」と書いた生徒もいた。

「今の生活に感謝を」

鎌田さんたちが制作したCDで福島県の詩人、和合亮一さんの歌詞を加藤登紀子さんが歌う「貝殻のうた」のメロディーが教室に流れ、それを聞きながら生徒たちは授業の感想を書き込んでいた。

「未来があるということがあたりまえじゃないということを知った」

「私なんか死んじゃえばいいんだ、とときどき言ってたけど、家族のために精いっぱい生きなきゃいけないと思った」

「こんな境遇の人がいるのに、今の状態に文句を言っている事が恥ずかしくなるし、今の生活にむしろ感謝しなければならないと思う」「自分らしく精いっぱい生きるのが私の役目」

津波を撮影した記者の報告も

この日は「３・11を忘れない」と題して全学年による道徳授業地区公開講座が行われ、各学年の授業のあと、東日本大震災の写真で2011年度の新聞協会賞を受賞した毎日新聞写真部の手塚耕一郎記者が講演した。

あの日、手塚記者は宮城県名取市の上空で、ヘリコプターから土ぼこりを巻き上げ住宅街に流れ込んでいく大津波を目撃、懸命に撮影した。カメラを構えたとき、「とてつもない大災害が起きた」と震えたといい、「多くの命と思い出、記憶が津波に奪われた」と語った。

また、空撮写真を持って後日、名取市の現場を訪れ、被災者に肉親、友人を奪う津波の写真を見てもらった体験を、「心配したが、皆食い入るように見つめ、地区の最後の様子を記録したことを感謝された。その後も被災者と交流しながら取材を続けている」と話した。

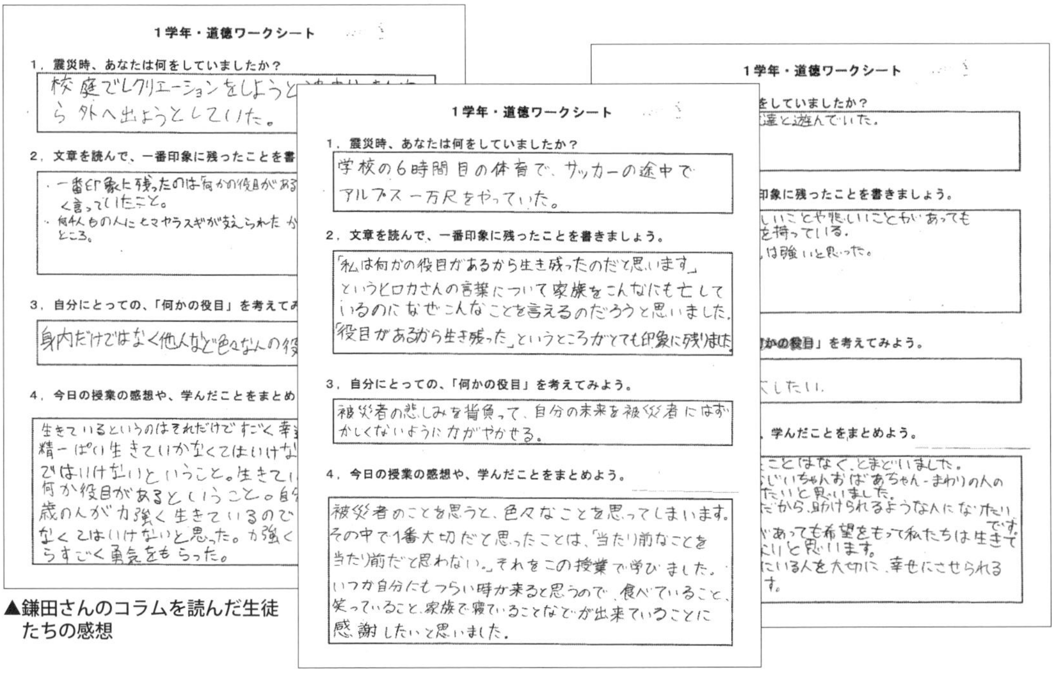
1学年・道徳ワークシート

1，震災時、あなたは何をしていましたか？

校庭でレクリエーションをしようと

ら外へ出ようとしていた。

2，文章を読んで、一番印象に残ったことを書

・一番印象に残ったのは「何かの役目がある

く言っていたこと。

・何人もの人にヒマヤラスギが支えられた か

ところ。

3，自分にとっての、「何かの役目」を考えてみ

身内だけではなく他人など色々な人の役

4，今日の授業の感想や、学んだことをまとめ

生きているというのはそれだけですごく幸

精一ぱい生きていかなくてはいけな

ではいけないということ。生きてい

何か役目があるということ。自分

歳の人が力強く生きているので

なくてはいけないと思った。力強く

らすごく勇気をもらった。

1学年・道徳ワークシート

1，震災時、あなたは何をしていましたか？

学校の6時間目の体育で、サッカーの途中で

アルプス一万尺をやっていた。

2，文章を読んで、一番印象に残ったことを書きましょう。

「私は何かの役目があるから生き残ったのだと思います」

というヒロカさんの言葉について家族をこんなにも亡くして

いるのになぜこんなことを言えるのだろうと思いました。

「役目があるから生き残った」というところがとても印象に残りました。

3，自分にとっての、「何かの役目」を考えてみよう。

被災者の悲しみを背負って、自分の未来を被災者にはずかしくないようにかがやかせる。

4，今日の授業の感想や、学んだことをまとめよう。

被災者のことを思うと、色々なことを思ってしまいます。

その中で1番大切だと思ったことは、「当たり前なことを

当たり前だと思わない。」それをこの授業で学びました。

いつか自分にもつらい時が来ると思うので、食べていること、

笑っていること、家族で寝ていることなどが出来ていることに

感謝したいと思いました。

1学年・道徳ワークシート

をしていましたか？

達と遊んでいた。

印象に残ったことを書きましょう。

しいことや悲しいことがあっても

を持っている。

は強いと思った。

かの役目」を考えてみよう。

したい。

学んだことをまとめよう。

ことはなく、とまどいました。

じいちゃんおばあちゃん・まわりの人の

たいと思いました。

だから、助けられるような人になりたい

です。

があっても希望をもって私たちは生きて

たいと思います。

にいる人を大切に、幸せにさせられる

す。

▲鎌田さんのコラムを読んだ生徒たちの感想

▲手塚耕一郎記者の講演も行われた

翌年も新聞活用と講演会で道徳学ぶ

この「3・11を忘れない」と名付けられた道徳授業地区公開講座は1年後の2013年6月29日にも開催された。「人間愛、思いやりの心」と題した3年生の授業では、毎日新聞の連載コラム「時代の風」に元世界銀行副総裁の西水美恵子さんが東日本大震災について書いた「日本から学ぶ10のこと」（2012年2月10日付朝刊）を使って学んだ。

コラムは平静、威厳、品格、秩序など、震災直後の日本人の様子を外国人の元部下が10項目挙げて「ミエコの国はすごい」と表現したという内容だ。「思いやりの心をもって人のことを第一に考えた行動がとれるように」。そう考えた教師たちが学習指導案を作り、①日常生活で他人に対してどのような思いやりの行動をとっているか振り返る②日本古来からある江戸仕草も思い起こし、人に対する思いやりの文化を見直す——ことを主眼に全3学級で各教師が工夫しながら取り組んだ。

続いて岩手県釜石市立釜石小学校の渡辺真龍校長が「3・11を忘れない～命の大切さ～」をテーマに全校生徒を対象に講演した。渡辺さんは新聞活用を実践する教師らで作る全国新聞教育研究協議会（全新研）に所属して新聞教育に尽力してきた。新聞委員会を作って指導した釜石市立唐丹《とうに》小は87年度の全国小・中学校・PTA 新聞コンクールで内閣総理大臣賞を受賞。2004年には同県山田町立大沢小で学校新聞「海よ光れ」（本書16ページで紹介）を始めた。この日は全新研会長で目黒区立第十中の木野村校長との新聞教育の交流が縁で実現した。

「自分の命が大事なのは、人のために生きているからだ。自分が生きていなければ人のために役立つ人間にはなれない。人の命も救えない。だからこそ人間は生きるんだ。相手の立場に徹底的に立つやさしさを持ってほしい」。渡辺さんの力強い声が講堂に響いた。

▲新聞を使った道徳授業に取り組む目黒区立十中の3年生 =2013年6月29日

▲目黒区立第十中を訪れた釜石小校長の渡辺真龍さん =2013年6月29日

さあ　これからだ

鎌田 實

－12－

子どもたちの希望

毎年8月15日、ぼくは「鎌田實といのちを語ろう」（NHKラジオ第一）という番組に出て、子どもたちと平和や命について語り合っている。今年は、仙台からの生放送だった。

スタジオに、女川第一小学校5年生のヒロカさんが来てくれた。

校門まで津波が襲ってきたが、学校のヒマラヤスギの巨木はどっしりと根を張って倒れなかった。震災後、みんなが集まった最初の朝礼で、校長先生が「なぜ、ヒマラヤスギは倒れなかったのだろう」とみんなに問いかけた。

ヒロカさんは「何千人もの卒業生や多くの人たちにやさしく、あたたかなまなざしで見つめられてきたから、負けなかったのだと思います」と答えた。なるほどなと思った。あたたかなまなざしか。想像力の豊かな子だなと思った。復興への闘いは長期戦だ。東北へのあたたかなまなざしがまだまだ必要だと思う。

さらに、こんなことを言った。

「私は何かの役目があるから、生き残ったのだと思います」

ヒロカさんは、津波でおばあちゃん、お母さん、お姉さんを亡くした。苦しくて、つらい、はずなのに、しっかりとマイクの前でこんな話をしてくれた。

すごいなあ。悲しみのなかで必死に立っている小学生がいる。

ぼくたち日本イラク医療支援ネットワーク（JIM－NET）は、宮城県石巻市でお風呂を設営して、お風呂に入れない人たちに入浴してもらう「千人風呂プロジェクト」や、自宅にいる高齢者や障害者を支える在宅ケアに取り組んできた。

その拠点作りや支援のために、佐藤真紀事務局長とぼくは、被災地に何度も通った。

まだ寒さが身にしみる4月、宮城県の相川小学校を訪ねた。校舎は津波で崩壊し、ガレキの山となっていた。震災の前まで、当たり前のようにここで子どもたちが学び、遊んでいたかと思うと複雑な気持ちになった。ふと見ると、女の子が数人いた。

「鼓笛隊の練習をしたいので、楽器を探しに来た」と言う。このガレキのなかから楽器を見つけるのは無理だろうと思った。ところが、しばらくすると「やったあ！　あったあ！」という歓声があがった。トランペットとアコーディオンが見つかった。佐藤事務局長がカメラを向けると、大事な楽器を見つけ出した女の子は、あふれるような笑顔でピースサインをした。ステキな写真が残った。

トランペットとアコーディオンを見つけて笑顔の女の子＝宮城県石巻市の相川小で、佐藤真紀さん撮影

JIM－NETは7年前から、イラクで医療支援活動を続けてきた。戦争で傷ついた病気の子どもたちや、難民キャンプで暮らす子どもたちに会い、悲惨な境遇に何かせずにはいられなかった。支援活動をしながら、いつもハッとするのは、子どもたちの目の輝きである。子どもたちのまっすぐなまなざしを、ぼくたち大人は無視することはできなかった。

佐藤事務局長とともに、宮城や福島の被災地の学校を訪ね歩きながら、日本の子どもたちの笑顔に、ふとイラクの子どもたちのまなざしを思い出した。津波が押し寄せてきた、宮城県の小学校の壁に、習字の作品数枚が張られたまま、残っているのを見つけた。「希望」と書かれていた。水に濡れて文字はところどころにじんでいたが、破れもせず、残ったのである。

学校の先生に聞くと、これを書いたのは6年生。そのなかには、津波で命を落とした子どもが書いたものもあった。

震災で大事な家族や友だちを亡くした子ども、悲しみにじっと耐えて生きている子ども、津波に命を落とした子ども……。みんなそれぞれ、どんな「希望」を持っていたのだろうか。

佐藤事務局長の写真に、ぼくはエッセーを書いた。それが「希望　命のメッセージ」（東京書籍）という本になった。タイトルは、小学校の壁に残った「希望」の文字をそのまま使わせてもらった。

ぼくは、その「希望」という文字にこんな文章を書いた。

「いい字ですね。力強い字です。君の希望は津波にも地震にも負けませんでした。君の希望はなんですか。いつか君から聞きたいです」

この本の印税はすべてJIM－NETを通して被災地の子どもたちに使われる。

子どもたちに、この震災のことをどう語ったらいいのか、鎌田流にまとめてみた。子どもを持つお父さんやお母さん、学校の先生がたにも読んでもらえたらうれしい。

もう1枚、きれいな、誠実な「希望」の書が壁に残っていた。この字を書いた子は亡くなったと聞いた。ショックだった。この字の写真の下にメッセージを書いた。海音さんへ。君の字が学校の壁に残っていました。君の「希望」というバトンを、同級生が受け継いでくれるでしょう。カノン、ステキな名前ですね。カノンさんの「希望」という字、ぼくらは絶対に忘れません。

今後もぼくたちは、子どもたちの命を守る活動を続けていく。何としても、子どもたちの「希望」を守りたいと思っている。

（医師・作家、題字も）

＝次回は24日掲載

◇

鎌田實さんのトーク＆サイン会が16日（金）午後7時から、東京駅前の丸善丸の内本店3階、日経セミナールームで行われます。申し込みは☎03・5288・8881へ。

◀毎日新聞朝刊「さあこれからだ」（2011年９月10日付）（毎日新聞社提供）

コラムのあらすじ

鎌田實さんは仙台から生放送するラジオ番組に宮城県女川第一小学校５年生のヒロカさんに来てもらった。津波が襲った学校でヒマラヤスギの巨木は倒れなかった。「何千人もの卒業生や多くの人たちにやさしく、あたたかなまなざしで見つめられてきたから、負けなかったのだと思います」。ヒロカさんは震災後の朝礼でそう言ったという。

「私は何かの役目があるから、生き残ったのだと思います」。マイクに向かったヒロカさんは津波で祖母、母、姉を亡くしている。鎌田さんは「すごいなあ。悲しみのなかで必死に立っている小学生がいる」と感動した。

津波で校舎が崩壊した宮城県の相川小学校では「鼓笛隊の練習をしたい」と話す数人の女児ががれきから楽器を探していた。しばらくすると「やったあ！　あったあ！」と歓声が上がった。

宮城県石巻市立門脇小学校を訪ねると、「希望」と書かれた習字の作品が壁に残っていた。津波で亡くなった海音《かのん》さんという児童が書いたものもあった。鎌田さんは写真エッセイ集「希望　命のメッセージ」（東京書籍）で、その「希望」という文字にこんな文章を書いた。

「君の『希望』というバトンを、同級生が受け継いでくれるでしょう」

「カノンさんの『希望』という字、ぼくらは絶対に忘れません」

投稿チャレンジ

▶東京都立川市立立川第七中学校

廊下にビッシリ貼られているのは新聞各紙の読者投稿に採用された生徒のものだ。東京都立川市立立川第七中学校（渡辺徹校長）では年間延べ100本以上もの掲載投稿で埋め尽くされ、年度の採用数の大きな数字が122（2010年度）、128（11年度）。102（12年度）と続く。新聞に対して受け身ではなく、「発信」を意識したアプローチとして注目される。

少子高齢社会を新聞で確認

2012年11月６日。この投稿について長年指導している芝田実教諭の２年生対象の社会科授業（地理的分野）が同校で公開された。単元「世界と比べた日本」の中の「人口」をテーマとする特別授業「日本の人口の変化と特色」、その狙いは「人口の変化から日本の課題について考える」だ。この日の狙いは①日本の人口の変化と特色について、新聞などの資料から読み取る力を養う②少子高齢社会について、意見交流や新聞投稿作成を通して、自分なりの考えをまとめる力を養う――の２本柱だ。

「日本の人口はどのくらいだと思う？」。芝田教諭が問いかける。「そう。１億2780万人です」「では、世界で何番目だろう……」「はい、日本は世界第10位です。日本は人口が多い国ですね」「しかし、人口は減少していて、前年と比べ約26万人減少と過去最大の下げ幅となりました」。挙手をして答えを出していく生徒と呼吸を合わせ、リズミカルな説明が続く。

前方の電子黒板には総務省が４月に発表した人口推計（2011年10月１日現在）の新聞記事が映し出される。続いて若者が川原でバーベキューする1960年代ごろの白黒写真と、親子３人の現代的なカラー写真の２枚が映された。「昔に比べると……、そう、子どもが少なくなっている。少子化です。このままいくと、3012年５月５日には子どもが０人になってしまう」。若年世代が少ない人口ピラミッドを映しながら芝田教諭はこう加えた。「60歳以上の割合が増え、65歳の老年人口は23.2%を占めている。つまり、少子高齢社会です」

「後継者はいねがぁ」の記事

生徒の手元には「４人に１人がお年寄り」と見出しのついた記事コピーが配られ、電子黒板にはその記事の「平均寿命の国際比較と推移」を示すグラフ。上位10カ国・地域の比較で男性は「79.44歳」で８位、女性は「85.9歳」で２位を示しており、世界トップクラスの長寿国であることは一目瞭然だ。

次に電子黒板に映されたのは「減る人口、増す負担」の大見出しの記事。「年金」「雇用」「介護」の小見出しがついている。「福祉でいうと、現役世代の負担が大きくなってくるんだね」「バリバリ働く年齢の人口が減るってことは、労働人口の減少を意味する。どういうひずみが出てくると思う？」「そう、生産が減る。経済力が落ちるかもしれません」「伝統文化の後継者も不足してしまうね」。生徒に問いかけながら、説明を続ける。「後継者はいねがぁ」というナマハゲの後継者不足の記事が映し出された。

▲電子黒板に映した記事を説明する芝田実教諭

自分の考えを投稿に

ワークシートには「新聞記事（スライド）から考えてみよう！」とあり、生徒が記事から「少子高齢社会」の現実を読み取り、その理由を考えるよう導く狙いがうかがえる。

「さあ、次はグループごとに意見交流し、自分なりの考えをまとめてごらん」。芝田教諭の掛け声で４人ずつ机を向かい合わせて話し合う。６人ぐらいになると、話に参加できない生徒が出るので、少人数にしたという。言語活動の視点からみれば、「伝える」「聴く」「話し合う」という重要な場面だ。

「それでは投稿にまとめてみよう」。芝田教諭は合図と同時に黒板の電光時計をセットした。生徒たちは７分間、無言でひたすら書き続けた。どの顔も真剣だ。やや時間不足の感じもあったが、見学した他校の教師たちは「新聞を使い慣れている授業で、新聞活用の実践を継続してきた成果」「かなりのスピードなのに生徒がついていく」などと感心した様子だった。

この授業を踏まえた他クラスの生徒の投稿２本が新聞に掲載された。男子生徒の「高齢者も働ける社会環境を」と題した投稿が産経新聞（11月26日付）に載り、「僕たちもいつかは高齢者になります。年をとってもやる気と能力があれば働けると思えば健康に気をつけ、仕事のスキルもアップします」などと書いていた。女子生徒は東京新聞（12月３日付）への投稿で「少子化対策　女性応援を」のタイトルをつけ、「保育所を増やしたり、子どものいる女性は残業をさせず早く帰宅させてあげるなど、周りが協力してあげれば少子化を食い止めることができると思います」などと女性の立場から文章をまとめた。

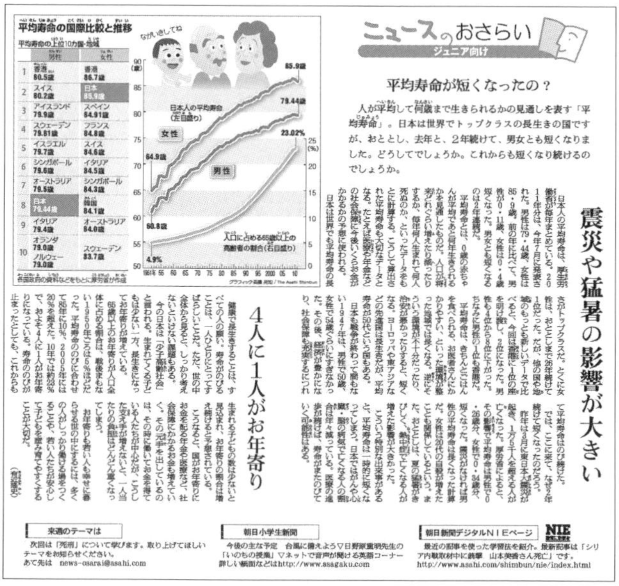
ニュースのおさらい
ジュニア向け

平均寿命が短くなったの？

人が平均《へいきん》して何歳《なんさい》まで生きられるかの見通しを表す「平均寿命《じゅみょう》」。日本は世界でトップクラスの長生きの国ですが、おととし、去年と、２年続けて、男女とも短くなりました。どうしてでしょうか。これからも短くなり続けるのでしょうか。

平均寿命《へいきんじゅみょう》の国際比較《こくさいひかく》と推移《すいい》

平均寿命の上位10カ国・地域

	男性	女性
1	香港 80.5歳	香港 86.7歳
2	スイス 80.2歳	日本 85.9歳
3	アイスランド 79.9歳	スペイン 84.91歳
4	スウェーデン 79.81歳	フランス 84.8歳
5	イスラエル 79.7歳	スイス 84.6歳
6	シンガポール 79.6歳	イタリア 84.5歳
7	オーストラリア 79.5歳	シンガポール 84.3歳
8	日本 79.44歳	韓国 84.1歳
9	イタリア 79.4歳	オーストラリア 84.0歳
10	オランダ 79.0歳 ノルウェー 79.0歳	スウェーデン 83.7歳

各国政府の資料などをもとに厚労省が作成

震災や猛暑の影響が大きい

日本人の平均寿命は、厚生労働省が毎年まとめている。２０１１年分は、今年７月に発表された。男性は79・44歳、女性は85・9歳。前の年に比べて、男性が0・11歳、女性は0・4歳短くなった。男女とも短くなるのは2年連続だ。

平均寿命とは、0歳の赤ちゃんが平均であと何年生きられるかを見通したものだ。人口が将来どれぐらい増えたり減ったりするか、毎年何人生まれて何人死ぬのか、といったデータをもとに計算する。こうして算出された平均寿命も大切なデータとなる。たとえば医療や年金などの社会保障に今後いくらお金がかかるかの予想に使われる。

日本は世界でも平均寿命の長さがトップクラスだ。とくに女性は、おととしまで26年続けて1位だった。だが、他の国や地域のもっとも新しいデータで比べると、今回は香港に1位の座を明け渡し、2位になった。男性も4位から8位に下がった。ちなみに男性の1位も香港だ。

平均寿命は、きちんとごはんを食べられる、お医者さんにかかりやすい、といった環境が整った地域では長くなる。逆にそういう環境が不十分だったり、治安が悪かったりすると、短くなる。ヨーロッパや東アジアなどの先進国は長生きだが、平均寿命が50代という国もある。

日本も戦争が終わって間もない1947年は、男性で50歳、女性で54歳ぐらいにすぎなかった。その後、経済が豊かになり、社会保障も充実するにつれて平均寿命はのび続けた。

では、ここに来て、なぜ2年続けて短くなったのだろう。

昨年は3月に東日本大震災が起き、1万5千人を超える人が亡くなった。厚労省によると、その影響で平均寿命は男性で0・26歳分、女性で0・34歳分、短くなった。震災がなければ男性の平均寿命は長くなった計算だ。女性は20代の自殺が増えたことも関係しているという。また、おととしは、夏の猛暑がきびしく、熱中症で亡くなる人が増えた影響が大きかった。

こういう特別な出来事があると、平均寿命は一時的に短くなってしまう。日本ではがんや心臓・脳の病気で亡くなる人の割合は年々減っている。医療の進歩が続けば、寿命がまたのびていく可能性はある。

4人に1人がお年寄り

健康で長生きすることは、すべての人の願い。寿命がのびることは、一人ひとりにとってすばらしいことだ。ただ、世の中全体から見ると、しっかり考えないといけない課題もある。

今の日本は「少子高齢社会」と言われる。生まれてくる子どもは少ない一方、長生きになってお年寄りが増えている。

65歳以上のお年寄りが人口全体に占める割合は、戦後まもない1950年ごろは5%ほどだった。平均寿命ののびに合わせて85年に10%、2005年には20%を超えた。10年では約23%で、およそ4人に1人がお年寄りになっている。寿命ののびが止まったとしても、これからも生まれる子どもの数は少ないと見込まれ、お年寄りの割合は増え続けると予想されている。

こうなると、国がお年寄りにお金を配る年金や医療など、社会保障にかかるお金も増えていく。その元手を出しているのは、その時に働いてお金を得ている人たちが中心だが、こうした支え手が増えないと、一人当たりの負担はどんどん重くなってしまう。

お年寄りも若い人も幸せに暮らせる世の中にするには、多くの人がしっかり働ける場をつくることや、若い人たちが安心して子どもを産み育てやすくすることが大切だ。

（有近隆史）

来週のテーマは
次回は「死刑」について学びます。取り上げてほしいテーマをお知らせください。
あて先は　news-osarai@asahi.com

朝日小学生新聞
今後の主な予定　台風に備えよう▽日野原重明先生の「いのちの授業」▽ネットで音声が聞ける英語コーナー
詳しい紙面などはhttp://www.asagaku.com

朝日新聞デジタルＮＩＥページ
最近の記事を使った学習法を紹介。最新記事は「シリア内戦取材中に銃撃　山本美香さん死亡」です。
http://www.asahi.com/shimbun/nie/index.html

▲朝日新聞夕刊「ニュースのおさらい」（2012年９月１日付）

「書くこと苦にならない」

芝田教諭は同校に2002年に赴任して以来、本格的に「投稿」の指導に力を入れてきた。授業では時事的な出来事に合わせて時々行う程度で、日ごろは毎週の宿題として提出するよう求めている。「投稿チャレンジ」と称して「嫌いにならないよう、自発性を尊重して〝緩やかな強制〟で行っている」そうだが、毎日提出する熱心な生徒もいる。生徒から「書くことが苦にならなくなった」という声が聞かれ、芝田教諭は「自分の思いを素直に書ける力が確実についている」と手応えを感じるという。

2012年１月29日付の朝日新聞に立川七中の卒業生で高２女子生徒の投稿が掲載された。「青春は部活・勉強、そして投書」のタイトルで「投稿チャレンジ」の体験をつづったものだ。そこには「投稿チャレンジのおかげで、高校の推薦に合格し、高校入学後は卒業生として講話の依頼を母校から受けた。そこで投稿チャレンジの話をした。しばらくして部活の後輩から『今、私も先輩のように365日目指して投書を出しています』とメールがきた。とてもうれしかった」と書かれていた。

東日本大震災から２年たった2013年３月11日の毎日新聞には同校２年の渋谷洸太朗君の「これからも募金活動したい」と題した投書が掲載された。世界の食料難に苦しむ人たちへの募金活動の体験をつづったもので、この掲載をもって12年度の七中生の投稿掲載は100回目となった。

その翌12日、特別授業「日本の人口と変化と特色」を受けた２年１組の佐野清君の投稿が東京新聞に掲載され、「今回で掲載は７度目で、いつも題材探しのため新聞をよく読んでネタを仕入れています」と笑顔を見せた。別々の話題の投稿が同じ日に２紙に掲載されたことのある早瀬美里さんは「投稿チャレンジをしてから、周りの人たちのありがたさを感じたり、人々をよく観察するようになった」と話していた。

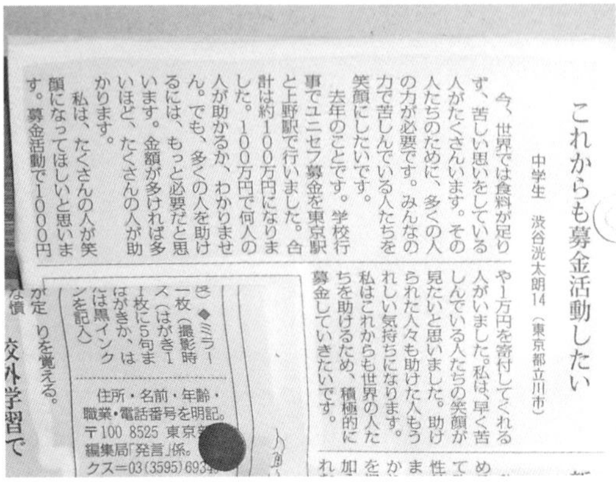

これからも募金活動したい

中学生　渋谷洸太朗14（東京都立川市）

今、世界では食料が足りず、苦しい思いをしている人がたくさんいます。その人たちのために、多くの人の力が必要です。みんなの力で苦しんでいる人たちを笑顔にしたいです。

去年のことです。学校行事でユニセフ募金を東京駅と上野駅で行いました。合計は約１００万円になりました。１００万円で何人の人が助かるか、わかりません。でも、多くの人を助けるには、もっと必要だと思います。金額が多ければ多いほど、たくさんの人が助かります。

私は、たくさんの人が笑顔になってほしいと思います。募金活動で１０００円や1万円を寄付してくれる人がいました。私は、早く苦しんでいる人たちの笑顔が見たいと思いました。助けられた人々も助けた人もうれしい気持ちになります。

私はこれからも世界の人たちを助けるため、積極的に募金していきたいです。

住所・名前・年齢・職業・電話番号を明記。

▲2012年度の100件目の投稿「これからも募金活動をしたい」も廊下に張られていた

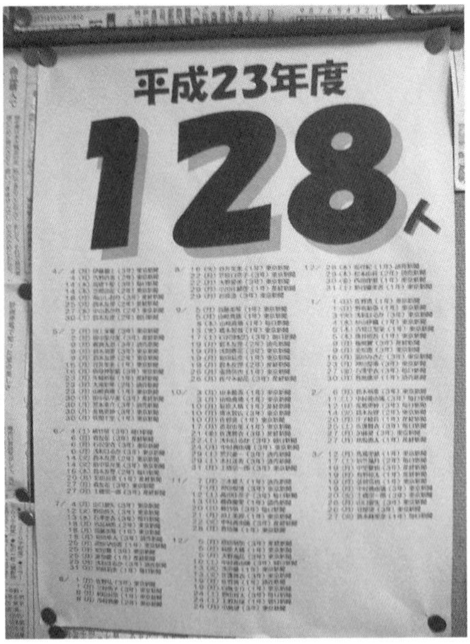

▲2011年度は延べ128人の投稿が新聞掲載されたことを示す廊下の張り紙

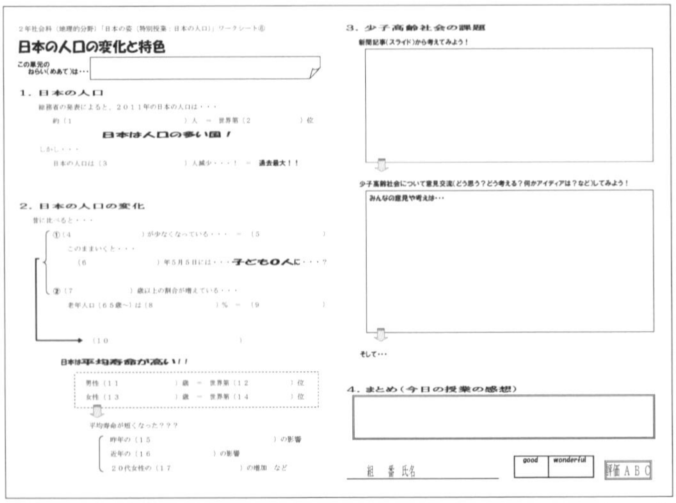

２年社会科（地理的分野）「日本の姿（特別授業：日本の人口）」ワークシート⑥

日本の人口の変化と特色

この単元のねらい（めあて）は・・・

1．日本の人口

総務省の発表によると、２０１１年の日本の人口は・・・

約（1　　）人 ＝ 世界第（2　　）位

日本は人口の多い国！

しかし・・・

日本の人口は（3　　）人減少・・・！ ＝ 過去最大！！

2．日本の人口の変化

昔に比べると・・・

①（4　　）が少なくなっている・・・ ＝ （5　　）

このままいくと・・・

（6　　）年5月5日には・・・子ども0人に・・・？

②（7　　）歳以上の割合が増えている・・・

老年人口（６５歳～）は（8　　）％ ＝ （9　　）

（１０　　）

日本は平均寿命が高い！！

男性（１１　　）歳 ＝ 世界第（１２　　）位

女性（１３　　）歳 ＝ 世界第（１４　　）位

平均寿命が短くなった？？？

昨年の（１５　　）の影響

近年の（１６　　）の影響

２０代女性の（１７　　）の増加　など

3．少子高齢社会の課題

新聞記事（スライド）から考えてみよう！

少子高齢社会について意見交流（どう思う？どう考える？何かアイディアは？など）してみよう！

みんなの意見や考えは・・・

そして・・・

4．まとめ（今日の授業の感想）

組　番　氏名

good　wonderful

評価ＡＢＣ

▲記事から読み取った事実と自分の考えを記入できるよう工夫されたワークシート

▲班ごとに意見交換する生徒たち

NIEコラム

生徒から発信

恐竜の化石が出土した福井県が「恐竜キッズランド構想」を打ち出したという新聞記事を題材に、中学生が町づくりの課題やアイデアを話し合った――。２０１２年夏、福井市での「第17回ＮＩＥ全国大会」（日本新聞協会主催）で行われた同県勝山市の市立勝山北部中学校の公開授業だ。

「発信するＮＩＥへの挑戦！～環境・観光・暮らしの視点から恐竜勝山を勝ち山に～」をテーマに掲げ、３年生53人が観光、環境、暮らしの３班に分かれディスカッション。恐竜テーマパークとショッピングセンターの融合施設を作って雇用を増やし、恐竜のモニュメントを並べた恐竜ロードを整備する観光客誘致策を提案した。見学した全国のＮＩＥ実践者たちから「熱心な取り組みですね」と感想が聞かれた。

「生徒が新聞などから見つけた今日的な課題に対して、調査・研究を行い、新聞などのメディアの力を借りて発信する活動」「自分たちの声で社会を良くする経験をさせ、生きるために必要な力をつけようとする試み」。これが、指導に当たった道関直哉教諭の語る「発信するＮＩＥ」だ。もっとも、受信型のＮＩＥにも力を注ぎ、始業前に毎週１回、「朝読み新聞」という記事を読む取り組みを学校あげて続けてきた点も見逃せない。

生徒たちは公開授業について、「大きな会場で私たちの提言を伝えられ、すごく貴重な時間でした」「勝山市以外の人たちに、私たちが思っていることをしっかり発表できてよかった」「提言をきっかけに、将来の勝山が今よりも良くなってほしい」などと感想を書いた。

翌年２月、上京した道関教諭が東京都ＮＩＥ推進協議会の研究発表会に「こういうのができました」と持参したのが、「今が勝つ!!」と大きな字の入った絵馬型のステッカー。「交通安全」「合格祈願」「必勝」の３種類があり、卒業していく３年生と生徒会がアイデアを練り、勝山市の「わがまち魅力醸成事業」の補助金10万円を受けて作成し、恐竜博物館などで販売を始めたのだった。

夏の公開授業のあと、生徒たちは勝山市長の前でプレゼンテーションし、「これらの活動に予算的な措置も考えたい」と高く評価されたという。市議会でも取り上げられ、中学生が地域活性化の活動をする場合に10万円を限度に助成されることが決まった。

「学校の取り組みを積極的に記事にしていただきたい。それが子供たちにフィードバックされますから」。道関教諭は学校と新聞社とのコラボ強化を強く求める。地元紙がきめ細かく取材しなければ、なかなか「発信するＮＩＥ」は難しいと思うが、「地域起こし」で社会参画する実践はとても興味深い。

ステッカーは地域のイベントなどで約１７００枚売れ、生徒たちは売り上げの一部を環境保全活動に役立ててもらおうと、勝山市内の３小学校に贈った。

道関教諭は２０１３年度から福井県教委の生涯学習・文化財課に転任し、福井市出身の漢字学者、故白川静博士が確立した「白川文字学」を「学校と社会教育あわせて推進せよ」との特命を受け、「ＮＩＥで培ったノウハウを１００％投入したい」と張り切っている。

ステッカーで勝山売り込め
北部中 市補助受け考案
「エコミュージアム」中学生実践
絵馬型 下旬から販売

▲勝山北部中の生徒たちの活動を報じる福井新聞2013年1月13日付記事（福井新聞社提供）

キラリ北中
えがお新聞
笑顔であふれる勝山を
街の魅力を中学生が発信！
第一弾 ステッカー販売開始！
こんな活動に取り組みました

▲自分たちの活動を伝える「きらり北中えがお新聞」

ふるさと新聞づくり

▶長野県北《きた》安曇《あずみ》郡松川村立松川中学校

北アルプスふもとの信州・安曇野で中学生が地元の魅力を紹介する新聞を作った。長野県松川村の村立松川中学校の「ふるさと松川新聞」だ。2012年春に卒業した3年生全員で歴史、自然、文化などをリサーチし、インタビュー取材から、執筆、レイアウトに取り組んだ20ページ構成のタブロイド判で、「郷土の魅力が生き生きと伝わる」「苦労もあっただろうが、多くの絆が生まれたことだろう」と村の人たちにも好評だ。

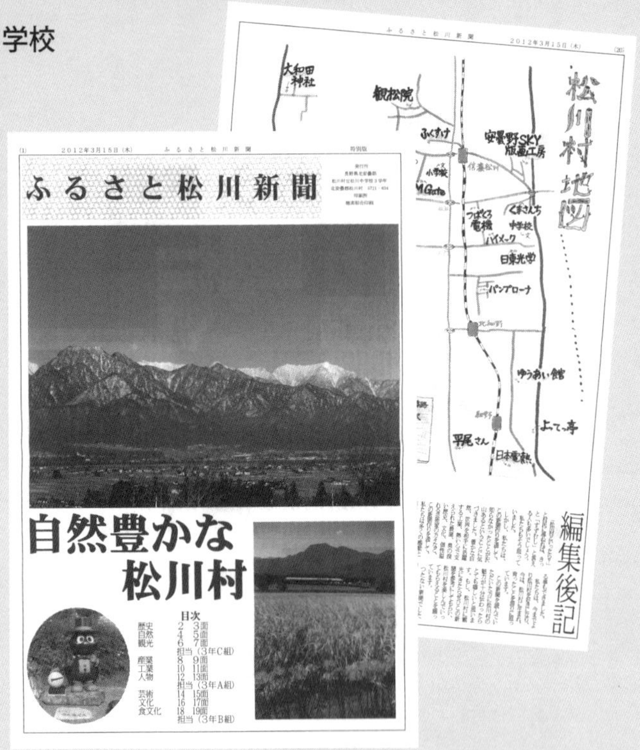

私たちの村を調べよう

松川村は人口約1万人で、自然のスズムシが生息する田園地帯に美術館、果樹園、そば屋など数多くの観光スポットがある。70年代からファッション誌が盛んに紹介し、首都圏からも幅広い年齢層の観光客が訪れる。生徒たちも「魅力ある風土」を誇りに感じている半面、まだ村の一部分しか把握していない様子もうかがえた。

「身近な松川村を調べて、ふるさとの魅力を伝える新聞を作りましょう」。3年生の全3クラスで新聞制作に取りかかったのは2011年9月だった。総合的な学習の時間などを使い、A組（産業、工業、人物）、B組（芸術、文化、食文化）、C組（歴史、自然、観光）とクラスごとに各分野を受け持ち、クラスで6班に分かれ、1ページずつ担当した。

「村にはどんな著名人が住んでいるのだろう」「伝統行事や歴史も知らなくては」「楽しい店はないかなあ」。生徒たちは図書館に出かけ、インターネットを駆使し、週末にインタビューへと出かけた。時に新聞記者のアドバイスを受けながら、取材から執筆、レイアウトまでチャレンジした。

芸術、文化――分野ごとに取材班

2011年12月7日に行われた公開研究授業を参観した。松林に囲まれた校舎からアルプスの白い頂を眺めながら校舎に入ると、なごやかに話し合う生徒たちの姿があった。3年B組の教室では、生徒たちが自分たちで書いた原稿を持ち寄って机に並べていた。この日は単元を構成する30時間のうち20時間目で、新聞記者の指導で模擬新聞を使って紙面レイアウトの方法を学んだ前回に続く授業だ。

担任の宮澤美帆子教諭が両手に横断幕のような紙を掲げた。「学習課題：記事の順位を決め、読者の

▲記事の扱いを話し合う生徒たち

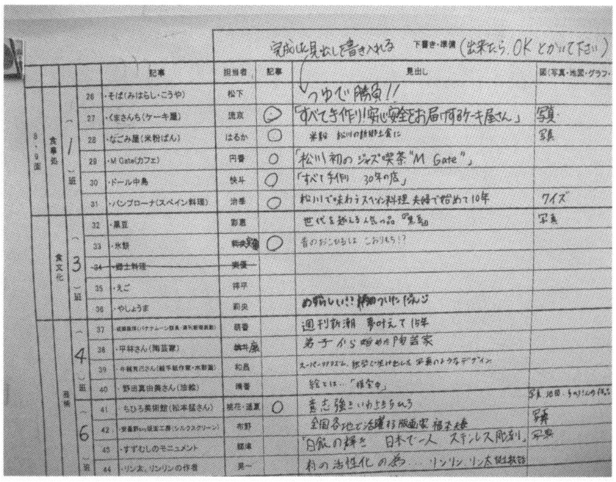

▲教室の壁に張られていた記事のメニューと見出し案

興味を引くようにレイアウトを工夫しよう」の文字。黒板には「観光パンフレットには載っていない松川村の魅力を発信！」とある。

「一番伝えたいことは何か。どの記事を大きく扱うか決めてください」。宮澤教諭は各班で話し合うよう呼びかけた。

芸術担当班の生徒たちが意見を出し合う。

「私は画家のいわさきちひろが意志の強い人だったことを伝えたい」。そう発言した女子生徒の手元の原稿用紙には取材をもとに書いた記事があり、「ちひろさんは、温厚な性格であまり怒鳴らなかった。しかし絵の批判を受けても自分が正しいと思えば絵の雰囲気を変えない……」と書かれていた。

「日本でステンレスを使った彫刻家は一人だけというのも意味があるよ」。ほかの生徒が松川村役場のモニュメント作品を手がけた芸術家について説明した。

多数決の結果、1997年に村内に開館した「安曇野ちひろ美術館」の初代館長で、いわさきちひろさんの長男の美術評論家、松本猛さんにインタビューした記事をトップに扱うことにした。

２番手に扱う記事はステンレス彫刻家として知られる中嶋大道さんと決まった。

授業の後で生徒たちは「レイアウトを決めた後で記事の分量を調整するのが難しかった」「写真の配置で迷った」などと話した。

また、「文化」を担当した班は、地域に伝承される響岳太鼓、安曇節や、大和田神社の祭り、松川の方言などを扱い、「食事処」「食文化」の班はケーキ屋、そば屋、黒豆などをテーマにした紙面づくりを目指していた。

松川新聞

母は意志の強い人

人々に親しまれ続ける美術館

松本猛さんに聞いた いわさきちひろの素顔

一九九七年に開館した安曇野ちひろ美術館。初代館長を務めた松本猛さんは母、いわさきちひろさんの作品を展示している。

松本さんによると、ちひろさんは、温厚な性格であまり怒鳴らなかった。しかし絵の批判を受けても自分が正しいと思えば絵の雰囲気を変えない意志の強さがあったという。そして、松本さんが子供の頃、ちひろさんに桃太郎の絵を書いたメンコを作ってもらい、一緒にメンコ遊びをしたり、木登りをしたり遊んだという。

ちひろさんの作品には幼い子供が数多く描かれている。その中にはやはり、幼い頃の松本さんがモデルの絵もあるそうだ。ちひろさんは絵を描くときに色のバランスを重視しており、普段は合わせることが難しい色が合う時の喜びを感じながら描いていたという。

元ちひろ美術館館長松本猛さん
現在、娘さんともに原発をテーマにした絵本を制作中。3月11日までには出版する予定。

開館以来、毎年多くの観光客が訪れる安曇野ちひろ美術館。松本さんは、「来る人それぞれに違う楽しみ方があり、誰にでも楽しんでもらえるところが一番の魅力」と話していた。毎年夏休みには松川中の生徒が水彩技法体験と美術館案内のボランティアを行っている。スタッフの水谷さんは「卒業生の中からこのボランティアを支えてくれる人が増えていってくれれば」と話していた。安曇野ちひろ美術館は昨年、入場者数が２０万人を超え、今年開館一五周年を迎える。

ちひろが描いた赤ちゃん

自分が赤ちゃんだった頃のアルバムを見ていますか。そんな時にちひろの描いたこの赤ちゃんを見て、こんなに自然な赤ちゃんの表情や動きを描けるのは、ちひろしかいないと思いませんか。周りでお父さんやお母さんが応援している声まで聞こえてきそうです。

「でんぐり返しをする赤ちゃん」

▲インタビュー記事に力を入れた「ふるさと松川新聞」

「ふるさと松川新聞」の完成

こうして「ふるさと松川新聞」は2012年３月中旬

▲黒豆農家を取材する生徒＝2011年秋（宮澤美帆子教諭撮影）

の卒業式直前、ついに完成した。１面写真は北アルプスの峰々で、「自然豊かな松川村」の大見出しだ。村長やそば屋の店長などさまざまな人物へのインタビュー記事などが掲載された。

「とてもよく書かれている。いろいろな記事が集まって、村の全体像が浮かび上がって鮮やか。学校の基本的な学習をもとに作られた応用力と集団の力を感じる」（70代男性）、「歴史から食文化、工業まで幅広く取材していて、興味が偏らず、読み応えがある」（30代女性）など、村民にも高く評価された。

生徒たちは「本当にすごい新聞になったね」と感動したといい、編集後記に「私たちは、今までより松川村を好きになり、今は、松川村に生まれ育ったことを誇りに思っています」と書いた。

宮澤教諭は「生徒たちが生まれ育った村をしっかり知る機会になった。取材で新しい発見があるたびに、いいかげんなものは作れない、と感じたようだ」「高校進学後も村を紹介するプレゼンテーションに取り組んでいるようで、うれしい」と話している。

重要なNIEの下地づくり

松川中の生徒たちは生徒会活動やボランティア活動を通して地域とのつながりが深い。リンゴ摘花作

▲陶芸家を取材する生徒たち＝2011年秋（宮澤美帆子教諭撮影）

業（１～３年）、ちひろ美術館大花壇作業（１年）、「花咲く村づくりの会」と連携したプランターづくりなどに取り組み、それらが下地となって地域社会への参画意識を高めてきた。単元として設定できたのもこうした環境整備があってこそと言えそうだ。

また、2009年度からNIE実践指定校となって、様々な教科で新聞を使った授業実践を重ね、「総合的な学習の時間」では、主眼とする「関係形成能力」を育てる中核として「新聞づくり」を３学年に位置づけた。地域への理解を深め、人々の生き方に触れることができると考えたのだ。学習指導案には「生徒たちが主体的、創造的、協同的に学習に取り組み、ふるさと松川を再認識することによって自己の生き方を考えることを願って（単元に）設定した」と記している。

注目したいのは、日本新聞協会のNIE実践指定校になる数年前から、生活記録（日記）に日々の出来事のほか、新聞記事からテーマを決めて感想を書く活動を続けてきたことだ。思考力や表現力の育成に有効なうえ、生徒たちの感想を学級通信に掲載することで互いの考えを知ることができるように工夫してきたという。

前年は「沖縄新聞」でも話題に

こうした取り組みから社会、国語などの教科学習に発展していき、「総合的な学習の時間」では2011年春に卒業した３学年が取り組んだ「沖縄新聞」がメディアで大きく取り上げられた。実践指定校となって新聞に触れて時事問題に関心が高まっていくなか、生徒たちの目が地理的に遠い沖縄に向けられたのだ。

市街地に囲まれた米軍普天間飛行場（沖縄県宜野湾市）の移設先を辺野古（同県名護市）とした2010年５月の日米共同声明について、沖縄の地元紙と日ごろ目にする新聞を比べ、扱いや内容に差のあることに気付いた生徒たちから、「まだ知らないことが多い。沖縄についてもっと学ぼう」との声が上がった。

長野県内に在住する沖縄出身者のほか、講演で来県した大田昌秀・元沖縄県知事にインタビューし、沖縄戦に動員された過酷な体験を聞いた。作成した新聞には宜野湾市立普天間中学校３年４組への基地問題に対する意識アンケート、伝統的な菓子「ちんすこう」の作り方など食や文化についても掲載した。指導した黒岩理恵子教諭は「クラス全員で新聞を作ることで学級がまとまり、取材して社会とのつながりを実感した。書く、話す、聞く能力の育成が新聞づくりで可能だとわかった」と振り返る。全クラスが参加した翌年度の「ふるさと松川新聞」の取り組みは、この経験が生かされている。

一連の新聞づくりで見逃せないのは、地元の信濃毎日新聞社のNIE担当者から受けた編集上のアドバイスだ。手書きではなくタブロイド判カラー活字印刷という本格的な新聞を目指したこと、取材方法やレイアウトなど専門的な手ほどきを重ねて受けられたことは他地域ではなかなか望めないことかもしれない。だが、「学校外の人材をフルに活用し、協力を求めた」という教員たちの積極性、それを静かに見守った管理職の姿勢がなければそれもかなわなかっただろう。

ふるさと松川新聞
自然豊かな松川村
歴史で知る
～遺跡を語る～
少年たちの戦い
桜沢遺跡の外観

▲視覚に訴える「ふるさと松川新聞」の紙面

■単元の目標
地域への理解を深め、さまざまな人々の生き方に触れ、自己の生き方を考える。また級友とコミュニケーションをとりながら協同追求したり（人間関係力）、取材情報を整理して活用したり（情報活用力）、目標を設定し自分の考えを明らかにして解決しようとする（意思決定力）。
■単元展開の大要
（1）図書館の書籍やインターネットで取材対象をリサーチし、何を記事にするか決める。
（2）新聞記者の指導で模擬取材を体験する。
（3）取材先に電話で取材の約束をし、取材に向けたメモを作る。
（4）5W1Hを基本に取材（放課後や土日など）。疑問があれば質問する。
（5）取材内容を箇条書きにして最も伝えたいことから順に番号を付ける。
（6）トップに扱う記事や写真、レイアウト、字体、紙面の色などを相談して決める。
（7）自分の書いた記事をレイアウトの字数に合わせる（編集ソフトを使う）。
（8）新聞を置いてもらう場所を検討し、電話で依頼して持参。活動リポートをまとめる。

▲単元の目標と単元展開の大要

1月	元旦マラソン すずの音ふれあいコンサート
2月	分館対抗ニュースポーツ大会
3月	花のじゅうたん祭り
6月	分館対抗球技大会
7月	有明山登山
8月	ふるさと祭り 高瀬川納涼花火大会
9月	（大北縦断駅伝）
10月	収穫祭 村文化祭 図書館祭り
11月	10月後半から11月にかけて新そば祭り

▲写真を豊富に掲載した「ふるさと松川新聞」

NIEコラム

学校図書館の充実を

「知識の森」「ようこそ図書館へ」――。さいたま市立大宮西中学校の図書室の廊下には手書きのメッセージ、新着本8冊の表紙コピーが掲示されている。大きな文字を書いたのは、多彩なNIEの実践者として知られる国語教諭で司書教諭の小谷野弘子教諭だ。

　これまでの勤務校で学校図書館の整備にも尽くしてきたベテラン教諭の案内で図書室を見学した。まず入り口近くで、新聞を置いた閲覧台が目に入った。横の新聞架には数日分の全国紙4紙と地元紙が吊るされている。学校の独自予算で配備しているという。新聞の整理は図書委員（全クラスから2人ずつ）の仕事だ。「過去1年分を保管していて、複数紙があれば比較読みができる」という。

▲図書室について説明する小谷野弘子教諭＝さいたま市立大宮西中で

　さらに目を移すと、カラフルな富士山の写真7枚を張ったコーナーがある。その壁には「富士山　世界遺産に」の見出しが踊る新聞の号外と、「親子で富士登山」「富士山マイカー規制開始」という記事が張られている。司書（さいたま市は全市立小中学校に配置）や図書委員たちと「ニュース性や季節」を考えてコーディネートしたそうだ。4月には修学旅行で訪ねる京都と奈良、続いて「5月らしい記事を探そう」をテーマに記事を集めた。秋には読書感想画のポスターを張る予定だという。

　2012年春に同校へ赴任した小谷野教諭は図書室に入って感じた。「文学の蔵書が多い半面、調べ学習に使える文献が少ない」。他の教師たちと相談して「役に立つ書籍」を増やしたという。

　「アトラス世界地図帳」（平凡社）「エピソードで読む世界の国243」（山川出版社）「図解・江戸の暮らし事典」（学研パブリッシング）「原発に反対しながら研究をつづける小出裕章さんのおはなし」（クレヨンハウス）……。書架にはスティーブ・ジョブズの顔写真付きの書籍も表紙を見せて並んでいる。

　2年目の新学期早々、新着本を並べた展示会を1週間したところ、昼休みに150人もの生徒や教師が連日集まって「おもしろい」「使えそう」などと大盛況だったという。

　公立の学校図書館の中には司書が不在で昼休みしか開けなかったり、荒れた学校になるとほとんど閉めっぱなしだったりするケースもあるという。「新聞や本だけでなく、いろいろなものを取捨選択できるよう、いつでも使えることが大事」と小谷野教諭。同校では「こんな本、ありませんか」という教師の相談を受けた司書が市内各校に一斉メール送信すると、200冊も300冊も情報が寄せられるそうだ。

　全国学校図書館協議会は2013年6月22日、日本NIE学会、日本新聞協会との共催による初のセミナーを開き、シンポジウム「学びのコミュニティーをどう作るか―学校図書館とNIE」を催した。予算や人員など課題は少なくないが、学校図書館が、学習情報センター、NIE活動の拠点の役割を担うことへの期待の高まりを象徴する動きと言える。

▲図書室で開いた新着本の展示会には大勢の生徒と教師が集まった（小谷野教諭提供）

　小谷野教諭は入学時のオリエンテーションで1年生に新聞の機能や読み方、引用の仕方を教える。「新聞は『今』を知る貴重な情報源。学校図書館には生徒が手に取れる新聞がなければいけない」と考えるからで、NIEをより効果的に行うための「学びの場」として、図書室の魅力アップをこれからも図っていくという。

記者の出前授業を活用

▶東京都大田区立大森第六中学校

教育現場に一線記者たちを派遣する新聞各社の記者派遣（出前授業）を活用する学校が増えている。新聞記者の仕事全般、インタビューの仕方、原稿の書き方、新聞づくりのアドバイスのほか、東日本大震災、テロや紛争に至るまでテーマは多岐にわたる。東京都大田区立大森第六中学校（税所要章《さいしょかなあき》校長）では「総合的な学習の時間」の年間授業計画に記者の派遣制度を取り入れ、国際理解教育を実践。「生徒たちが世界の動きに強い関心を示すきっかけになっている」と手応えを感じるという。

年間授業計画に位置づけ

大田区立大森第六中学校では、新聞記者の派遣授業が年間授業計画に組み込まれている。記者派遣を利用するにあたり、担当の五十嵐文教諭は年間授業計画に基づき、テーマに沿った授業が可能かどうか新聞社に相談する。テーマや日程が決まると、派遣される記者とメールなどで授業内容を確認。より効果的になるよう、事前学習を行う。たとえばアフリカがテーマなら人類誕生の地であり、植民地支配されていた国が多いことなど基礎的な知識を身につけるための学習をする。

2012年７月４日、３年生を対象に「世界の中の人として―アフリカから考える―」と題して元アフリカ特派員（本書筆者）の授業が行われた。

生徒たちの感想

生徒たちは記者の出前授業を熱心に聞いていた。アフリカ各国の取材現場で撮った写真を映したことで臨場感もあり、取材者（撮影者）のナマの話を通して世界の現実の一端に触れる感覚を抱いてくれたのかもしれない。

五十嵐教諭は事後学習として、生徒が「何を感じ、何を学んだか」について手紙を書くように指導し、それを担当記者に送っている。手紙の一部を紹介したい。

「少年兵の話が印象に残った。幼い時にさらわれて親を失い、本来遊ぶべき時間に武器をもたされ、戦争に参加し、心に傷を負った。やり場のない怒りを感じた」

「僕は平気で物を壊したり、いらなくなった物をすぐに捨てて新しい物を買ったり、ご飯がいらないと言ったり、わがままな生活をしていたが、自分の生活を見直そうと思った」

▲真剣な表情で記者の授業に臨む生徒たち

◀「このまなざしに何を感じますか？」――。
心に傷を負ったシエラレオネの元少年兵（筆者撮影）

「日本人の女性がボランティアで活躍しているのを聞き、遠く離れた国で頑張っている人を見てすごいと思った」

「日本に嫁いだ黒人の女性が店に入った時、追い返された話を聞き、とても悲しかった。人権問題について考えていくことが必要だと思う。それは身近な人との会話が第一歩になるのだと知った」

教師と記者のコラボ

３年生124人に行ったアンケート（９月28日実施）で、「世界の情勢に興味を持つようになったきっかけは何か」との問いに、新聞記者の出前授業を「とてもあてはまる」（12人）、「あてはまる」（25人）と回答があった。五十嵐教諭は「実質的に40分の話だが、生徒にとってはインパクトがとても強い」と分析し、「世界を身近に感じられ、視野を広げられる。自分たちにもできることがあることを知り、今の生活を見直し、将来の生き方を考えるようになる」と評価した。

教師（学校）と記者（新聞社）の連携いかんで学習効果は左右される。記者派遣を利用する教師の中には「なんでもいいから話してください」と記者に授業を「丸投げ」するケースもあるようだが、やはり学習指導案における位置づけを記者も認識して内容を吟味する必要がある。「教壇に立って話した」というだけで終わらせず、授業の流れに沿った内容であるかを検証しなければならないだろう。

記者派遣事業（「毎日教育サポーター」制度）をNIE（教育に新聞を）活動の一環と位置づける毎日新聞社の場合、派遣当日の朝刊を生徒全員に届け、記者が新聞について簡単な説明ができるようにしている。

僕はお話を聞いて印象に残っただけでなく、いろいろなことを学びました。特にあの手首がなかった人々の写真は衝撃的でした。戦争は人を傷つけるだけでなく心も傷つけてしまうものだと思います。また子供に麻薬を打って戦わせるのも残酷なことだと思いました。子どもたちを兵士として使う事にも驚きました。僕がもし急に銃を持たされて「人を殺せ」と命令されたら、絶対に銃を持てないし、撃てないと思います。戦争で戦っている人の心境はどんなものか知りたくなりました。また差別の問題についても考えさせられました。法律的に差別が無くなっても、人々の心の中では解決していないと思いました。差別をなくすためには「人間はみな同じ」という意識を高めていかなくてはいけないと思います。日本で起こっているいじめなども差別と同じことだと思います。普段の学校生活でも、日々そのようなことを思って生活できればいいと思いました。

日本に嫁いだ黒人の女性が店に入ったとき、追い返された話を聞き、とても悲しい気持ちになりました。人種差別などは、世界で絶対あってはならないと思います。確かに人と人が解り合うことは難しいことだと思います。ましてや国となると一層難しいと思います。しかし城島さんが言っていた通り、人権問題について考え国際理解をしていくことが必要だと感じました。またそれは難しいことではなく、身近な人との会話が第一歩になるのだと知りました。城島さんの話はとても心に響くものがありました。

アフリカについては社会の時間の事前学習とテレビで見たくらいの知識しかなかったのですが、思っていたよりもはるかに恐ろしい歴史があるということがわかりました。一番悲しかったのは、シエラレオネの話でした。男の人が２人と女の人が映っている写真で、手がないのにまず驚きました。戦争中、負担になることをわかったうえで手や足を切るいうのは、とても残酷で信じられないです。次の男の子の話も、戦争で戦わせるために麻薬を吸わされるというもので精神的にも肉体的にも辛いことだと思います。大人になってもなくならない過去を一生抱えていかなければならないのは、戦争が生んだ悲劇だと思います。その中で日本人の女性がボランティアで活躍していると聞き、日本から遠く離れた国で頑張っている人を見てすごいなあと思いました。中学生の頃の体験がもとになったということは、私たちがいま様々な経験をしていく中で将来が決まるのかもしれないと思いました。

この度は六中でお話していただきありがとうございます。城島さんのお話は、あまり自分自身考えたことのなかったことだったため、今回のお話をきっかけにたくさんのことを考えることができました。僕が城島さんのお話の中で一番印象に残り、考えさせられたことは戦争に出兵させられて、麻薬を打たれたという少年の話です。このお話で少年の写真を見たとき、本当に心を持ってないように見え、悲しい気持ちになりました。僕はいつも「日本人に生まれて良かった」と思っていましたが、様々なお話を聞いているうち、○○人というような見えない壁を作ってはいけないのだと思いました。外国の人の不幸を他人のことのように考えずに、自分のことのように考えることができるようになれば、少しは世界のために役に立てるのだと思いました。

▲記者への感想を書いた手紙の内容

（6）記者の方のお話を聞いて

・世界を身近に感じることができる。映像のインパクト

・世界を知り、視野を広げることができる。

・自分たちにもできることがあることを知る。

・今の自分の生活を見直し、これからの生き方を考えるようになる。

・教員も視野を広げることができる。

（7）世界を知ることの意義

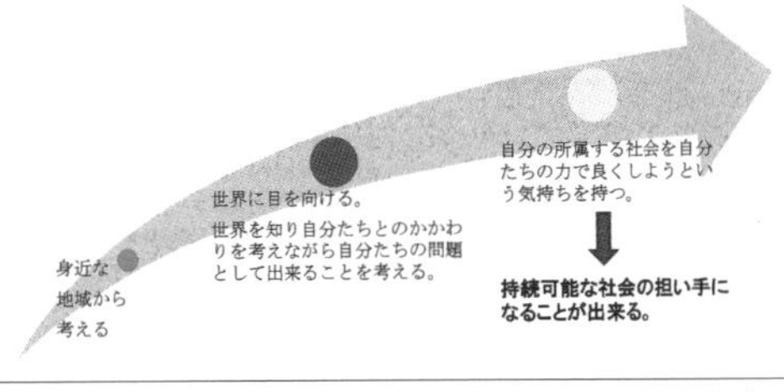

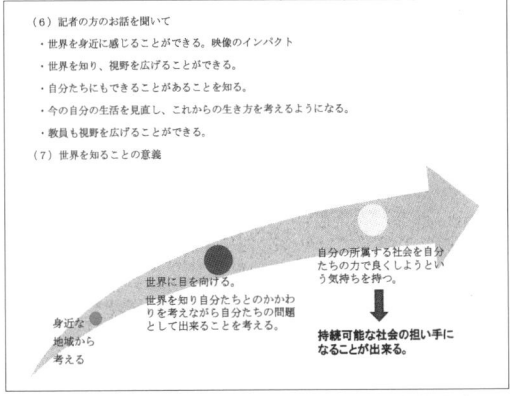

▲記者派遣を利用した授業の効果について五十嵐教諭がまとめた資料（一部抜粋）

ESDの視点で活用

大森六中は2010年度と11年度に大田区の研究指定校として「夢と希望を与える課題解決能力の育成―地域の学びから、世界の学び―」と題して活動に取り組んだ。こうした実践に関連して、記者派遣制度を取り込んだ国際理解教育を「ESD（持続可能な開発のための教育）」の観点から重要視している。

ESDは「Education for Sustainable Development」の略で、環境、開発、人権、国際理解、防災、エネルギー問題など地球規模の課題を足元の暮らしから問い直し、持続可能な社会づくりを目指す広い視野を持った市民を育成するための教育だ。地球温暖化や国際紛争、多文化共生など具体的な課題を解決できる人材の育成が期待され、新しい学習指導要領にもESDの「持続可能な社会を作る」視点が反映されている。

国連は2005年から14年までを「ESDの10年」と位置づけ、国内では日本ユネスコ国内委員会が活動を推進し、文科省や環境省の支援で普及、啓発に努めている。ESDの推進拠点として、①地球規模の問題に対する国連システムの理解②人権、民主主義の理解と促進③異文化理解④環境教育――の４分野を基本テーマとするユネスコスクールがあり、大森六中は2011年11月に加盟した。

▲「より効果的な授業を」――。事前に相談を重ねた記者と教師

6　考察　「世界の中の人として」生きるということ

世界という大きな範囲の中で、中学生という小さな私。世界という単位でみると、とても小さくて何をしているのかよくわからない。中学生だから、外国に行って支援をすることは難しい。だけど、この三年間で、中東のことだったり、アジアのことだったり、アフリカのことだったりとたくさん世界へ目を向ける機会があった。その中で、その地域の現状を理解することができた。中学生の今は、目を向けて正しく理解する。そして私たちにできる募金などに協力する。それだけでいいと思う。大きくなったとき、そのような活動をするのなら、そこで頑張ればいいと思う。今できることをやりながら生きることだと思う。

6　考察　「世界の中の人として」生きるということ

私は「世界の中の人として」この14年間くらしてきたとは、正直にはいえないし、春からの高校生活や社会人になって、このことを積極的に行動できるようになるとはいえないように思う。
けれどこれから数十年間生きていくなかで、私は農家やくつ屋で働く人、障害のある人やアフリカの子どもたちが住んでいる世界の一人だということを絶対に忘れないでいたいと思いたい。将来、世界的になにかの助けをしたり誰かのために大きな仕事をしているかどうかは分からないが、世界の中で生きているという自覚をもち自分と関わる人すべてを理解し、つながりあいたいと思う。

▲３年生がアンケートに記した考察（「世界の中の人として」生きるということ）

総合的な学習のテーマ学習例（五十嵐教諭作成）

■１学年「地域の中の人として」
- ・NGO を通してカンボジアと交流
- ・毎日新聞元中東特派員の出前授業（2010年９月）
- ・JICA エッセイコンテストに参加

■２学年「社会の中の人として」
- ・企業・経営者と学校の交流（働くことの意義を学ぶ）
- ・NPO「ラオスのこども」絵本プロジェクトに参加（持ち寄った絵本をラオス語に翻訳し、現地の子どもたちに贈る）
- ・NGO と連携して全校に呼びかけカンボジアにシャツを送る
- ・職場体験（４日間）
- ・「留学生が先生」＝留学生を招き歴史や文化などの話を聞く（中国・ルーマニア・インド・マダガスカルの留学生）
- ・JICA エッセイコンテストに参加

■３学年「世界の中の人として」
- ・毎日新聞元アフリカ特派員の出前授業（2012年７月）
- ・JICA エッセイコンテストに参加
- ・NGO と連携してカンボジアにワイシャツを送る

出前授業「世界の中の人として―アフリカから考える―」

アフリカで撮影した写真をパワーポイントで見せながら解説し、さらに身近な外国人との共生を考える素材も提供する授業だ。新聞をとらない家庭も増えているため、授業の開始前に当日の朝刊を掲げ、題字や見出しの意味や、各ページの特徴など初歩的な説明を行った。

本題に入り、アフリカの地図を見せ、出生時平均余命が男女とも50歳前後で、長寿国の日本とは大きな差があり、紛争、マラリア、エイズ、干ばつなど過酷な条件が幾つも重なっていることを話した。

「紛争」では西アフリカのシエラレオネの例を挙げ、「内戦で手足を切られた人や、元少年兵を取材した。戦争は人間にこれほど残酷なことをさせてしまう」と説明。一方、「この国で意外にも３人の日本人女性に出会った。難民支援のNGO（非政府組織）スタッフは中学校の夏休みに、近所の戦争遺跡を調べたのがきっかけで、戦争や平和について大学で学び、海外で難民支援に取り組んでいる」と話した。

そのほか、ルワンダの大虐殺、奴隷貿易、27年間の獄中体験を持つ南アフリカのマンデラ元大統領、青年海外協力隊の活動ぶりを説明。さらに日本に嫁ぎ差別を経験したタンザニア女性の「私の黒い肌、汚いですか？」という言葉から「多文化共生」を一緒に考えた。

高校 編

事例１●「方丈記」素材に新聞制作

事例２●「新聞発表」で変わる生徒

コラム○「自分社説」でキャリア教育

事例３●政党をつくろう

事例４●英文ニュースで学ぶ

「方丈記」素材に新聞制作

▶京都府・京都学園高校

「ゆく河の流れは絶えずして、しかも、もとの水にあらず」で始まる鴨長明の随筆「方丈記」は人の世の無常観を表すとともに、大災害の克明な描写でも知られる。東日本大震災をきっかけに、古典文学ゆかりの京都の高校生たちはこの中世文学を素材に新聞制作に取り組み、多くのことを学んだ。

号外
平安京瓦版
都で大地震発生
【被害状況】
都の人々の声
編集後記
新聞社発行
5月21日（土曜日）
〈大地震で逃げまどう人々や馬〉
〈大地震で、人馬が七転八倒する様子〉
平安生活

都新聞
治承4年（1180年） 11月27日（12月15日）
還幸、福原から京都へ
古《いにしえ》からの権威に敗北
準備不足 仇となったか
失敗 やはり最大の原因は
平氏にあらずんば人に非ず
エッセイ集 各 全三巻 税込一八九〇円
あの名作が…! フルモノクロで
映画・方丈記
打倒平家
今日の天気

中世の大災害を想像

「私には一生の思い出になると思う。みんな予想以上に勉強してくれたので、ほんまに感動した」。京都学園高校（京都市右京区花園）国語・司書教諭の伊吹侑希子教諭は卒業式を翌日に控えた2013年2月28日の昼下がり、同校図書室で生徒たちが作った新聞のファイルを開きながら振り返った。翌日巣立っていく４人の３年生は自作の新聞を改めて見つめた。「天変地異」「平安」「日刊仁和寺」「無常観」などを題字につけた新聞で、「国内最大級M7.4級の大地震」などの見出しが躍る。

▲伊吹教諭と自作の新聞を掲げる生徒たち＝京都学園で2013年２月28日

800年余り昔の大災害を生徒なりに新聞で「再現」した取り組みだ。前年３月に岡山市で開かれた全国高等学校 NIE 研究会の第10回研究発表全国大会で伊吹教諭の発表を取材した私は、実際に取り組んだ生徒から卒業前に話を聞こうと京都学園を訪ねた。

「西の御所」と呼ばれる臨済宗妙心寺派大本山の妙心寺の境内を抜けて学園に入ると、京都商業（京都学園の前身）出身の剛速球投手、沢村栄治（1917–44）のダイナミックな投球姿のブロンズ像があった。

東北に思いを

方丈記は平安後期の地震、竜巻、飢饉、大火などの自然災害が詳細に描写され、阪神大震災（1995年）、そして東日本大震災の後の社会状況と重ね合わせて読み解かれることもある。伊吹教諭は、自身が小学校６年生のときに発生した阪神大震災に最初はピンとこなかったが、中学進学後に阪神地区で被災した同級生から段ボールで寒さをしのいだ体験を聞いて初めて、「ほんまは大変やったんや」と衝撃を受けた。

▲新聞を活用して学ぶ生徒たち＝京都学園の図書室で（伊吹教諭提供）

その経験から、３・11に際し、「大変な災害なのに、京都で私たちはふつうに食べられていて実感がわかない。このままではいけない」と受け止め、「そうだ。古典の授業で方丈記をやろう！」と思い立った。もともと古典は生徒たちにとって「わかりにくいし、役に立つとは思えない」というイメージがある。だが、「鴨長明が何を感じたのかを読み取り、人生哲学に触れてほしい」と考えた。

震災の翌４月から５月にかけ、国際コース（60人）の新２年生の古典授業で「方丈記から〝現代〟を読み解く」と題した単元（８コマ）を実施。震災関連記事をしっかり読んで時事問題への関心を強め、新聞を読む習慣を身につけるよう指導した。方丈記の現代語訳を配り、長明がつづった災害から一つを選び、被害状況について、5W1H（いつ、どこで、だれが、何を、なぜ、どのように）の要素を含む記事スタイルで仕上げるよう求めた。

古典ゆかりの地

地の利も意識した。春の遠足のスタンプラリーで下鴨神社が目的地になっていたため、同神社内に復元された、長明の晩年の居宅「方丈の庵」で筆者の心情に思いをはせてはどうかとアドバイスもした。

生徒60人のうち20人が元暦２（1185）年７月９日の文治京都地震を選び、こんな原文（一部）と向き合った。

≪おびただしく大地震（おおない）ふること侍（はべ）りき。そのさま世の常ならず。山は崩れて河を埋み、海は傾（かたぶ）きて陸地をひたせり……≫

≪地の動き、家の破るる音、雷（いかずち）に異ならず。家の内に居れば忽（たちまち）にひしげなんとす。走り出づれば、地割れ裂く……≫

生徒の個性、工夫を反映

生徒たちは「予期せぬ大震災」「都に大被害」などの大見出しをつけ、「山が崩れて川を埋め、海が陸地を水につからせたり、地面がさけてそこから水柱が立ったり、岩が割れて谷に転がり込んだりした」「今まで私たちの生活を豊かにしていたすぐ身のまわりにある様々な自然が、今回の被害によりまったく逆のものと化してしまった」などと書いた。

紙面は生徒の個性や工夫を反映し、図書資料から選んだ写真や絵を添えて「もう一度、立ち上がろう」と題したコラムや、「京都もひどい被害から立ち直ったので東北地方も必ず復興できると信じています。今こそ日本が一つになるとき！」と書いた編集後記、「助人急募　条件：男のみ　内容：がれき撤去」という広告欄を設けた力作もあった。

新聞を仕上げた生徒たちは「鴨長明は人生や人の命のはかなさという『無常観』をテーマに書いたが、東日本大震災を経験した私もそのように感じた。つらい現実だが、目をそむけず、精いっぱい生きていくことでまた復興できると思った」「明日への希望を持ち歩んでいくことが大切だという人生教訓を古典から学んだ」などの感想を寄せた。

３年では「平家物語」を素材に

この学習は３年に進級後も〝続編〟がある。４月から５月にかけ、「平家物語」を教材にした単元（５コマ）の授業を行った。京都から福原への遷都によって当時の人々がどう感じたかを新聞の形で表現するものだ。折しもNHK大河ドラマで「平清盛」が放映されていた。

大学受験の小論文や面接対策も視野に入れ、ニュース素材を絡めて自分の意見をまとめる力をつけるよう工夫した。ある女子生徒は「国民が納得できる政治を求める」と題した社説欄を設け、「先のことを見据えた上で国民が安心、納得できるような政治を行ってほしいと思う。不満の高まる国民に平氏はどう対応するのか、平氏の今後の動きに注目が集まる」と書いた。

こうした２年にまたがるユニークな古典授業について、アンケート調査で「何を学んだか」を尋ねた

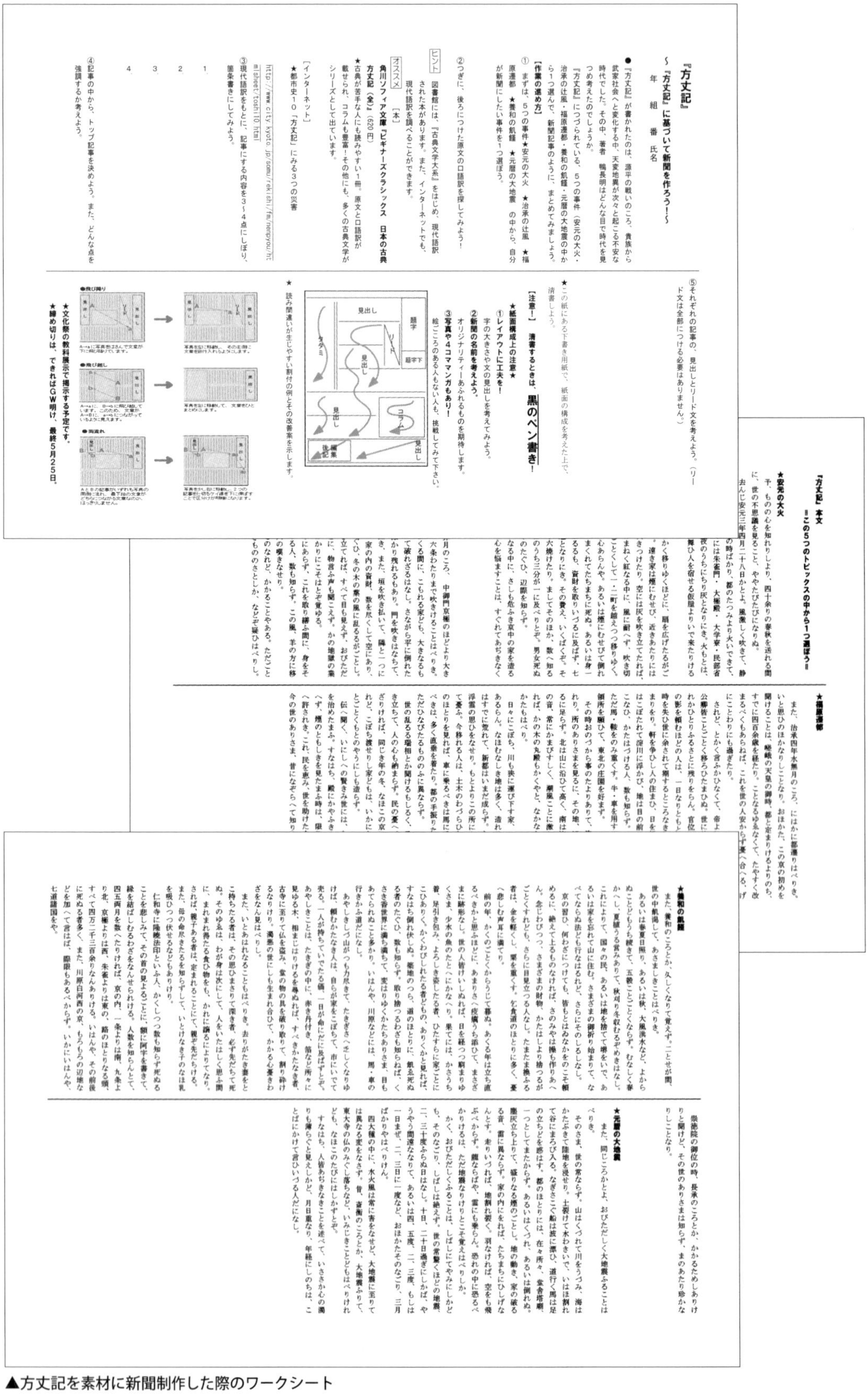

▲方丈記を素材に新聞制作した際のワークシート

ところ、「京都の知っている土地が深く関係していて、古典にも歴史を感じるようになった」「栄えた都市や一族は時を経て、滅びていく、そうやって今につながっているんだなと思った」「古典の勉強が楽しくなりました」などの答えがあった。「新聞学習に対する意見」を求めると、「新聞が身近に感じられるようになった」「毎日、当たり前に配られているけど、一つ一つの言葉に作る方の狙いがすごく込められているんだなと思った」などの意見が返ってきた。

▲「方丈記」を素材にして生徒が作った新聞の掲示コーナー（伊吹教諭提供）

情報伝達の意義を感じ卒業

学園を巣立つ18歳の心には約２年を経た今も３・11と方丈記が重なるようだ。卒業前日に「方丈記の学び」を振り返った４人の生徒からこんな感想が聞かれた。

「方丈記を読み、衝撃的な出来事を伝えることの大切さを学んだ。自分たちがしないといけない責任を感じている」（石黒みずほさん）▽「東北の人の気持ちを考えて書いた」（萩森仁さん）▽「いまある生活について、もっと考えるようになった」（岩田華奈さん）▽「相手にうまく伝えることの大変さを新聞づくりで知った。考えて整理して、表現する力が身に付いた」（松尾友貴さん）

■方丈記

鴨長明は晩年に丈四方（方丈）、つまり約３メートル四方の小さな草庵で隠遁生活を送りながら、京都での大火、竜巻、台風、水害など相次ぐ自然災害、そして平清盛が強行した福原遷都に遭遇した体験を顧みて執筆した。現代ならば新聞記者のルポルタージュさながらの克明な描写が時を経て注目されている。貴族の世が武士の世に移り変わる時代を背景に、鎌倉時代の建暦２（1212）年に書き上げた。吉田兼好の「徒然草」、清少納言の「枕草子」と並ぶ日本の三大随筆とされる。

▲方丈記を素材に２年生が作った新聞（左と中央）と平家物語を素材に３年生が作った新聞（右）

「新聞発表」で変わる生徒

▶神奈川県・横須賀学院高校

「高校生はあまり授業で手を挙げて意見を言わないし、ディベートで意見を戦わす機会も少ない。だが、意見がないのではなく、自己表現に慣れていないからだ」。こう考えた横須賀学院高校の下村厚子講師は国語の授業で新聞記事について生徒に発表させ、「話す、聴く、書く」力の育成に努めてきた。受講した卒業生への追跡調査から、生徒が無意識に社会へ興味を持つきっかけとなり、新聞が身近な存在になっていることがうかがえる。2004年から練り上げた実践を紹介してみたい。

話す、聞く、書く

「新聞発表」と名付けた授業形態は試行錯誤の末に確立されたものだ。2004年、まず下村さんは新聞の切り抜きを生徒に配り、考えさせることから始めた。「生徒の感受性に訴える」ことを意識して身近で関心のある記事を選んだ。

「生徒たちの発言力や表現力をどう培うか」を念頭に、生徒による発表形式を導入（06年）、「新聞ノート」と名付けた専用ノートに記事や感想をファイルさせる（07年）、付箋に意見を書かせる（08年）、付箋に書いた文章の評価を書き始める（09年）――と年々改良を重ね、ここ数年は、毎授業時に生徒が１人ずつ新聞記事の内容について「話す」、それを「聞く」生徒が意見をその場で「書く」というスタイルを定着させている。

2011年度の授業は３年生の３クラス計113人が対象で、定期テストの時期を除き毎回、10分間の時間を設定し、１人の生徒が切り抜いた記事について発表した。学籍番号順に１年間に１人必ず１回は発表することになり、意見を聞いた同級生は記事の内容や自分の意見を付箋に書いた。

次の授業で全員の感想（付箋）を貼りつけたB4判のコピーを配り、それぞれの新聞切り抜き用ノートにファイルさせた。自分の意見を客観的にみて、優れた文章や異なる考え方に出合い、互いの向上心を喚起するためだ。

生徒のコメントに対し、下村さんは一言感想をつけている。「……です」「……しました」という書き方の中に、「なので」「だろうな」「したんだよね」のような言葉遣いが混ざるケースは表現を統一するよう指導。また、論旨が矛盾した展開や、根拠のない断定などについても指摘しているという。

実践の概要

授業の狙いを立場ごとに整理しよう。

発表する生徒は

（１）社会の出来事に関心を持つ

（２）記者の書いた文章に出合う

（３）報道する側の意図を考える

（４）記事を要約する力をつける

（５）考えをまとめ、人に伝える力をつける

（６）新聞を読む習慣をつける

――の各項目だ。

聞き手（同級生）は

（１）発表者の記事選びの意図や記事の内容を理解する

（２）社会の出来事に関心を持ち、それに対する

意見を持つ

（3）自分の意見を文章にまとめ、付箋という限られた分量でまとめる力を身につける

——などだ。

次の授業ではクラス全体で

（1）全体の意見の中での自分の意見を客観的にみる

（2）クラスの中の優れた文章や異なる考え方に出合い、互いの向上心を喚起する

——という展開となる。

成果と課題

下村さんは生徒の感想にコメントを添えるなど年々改善を重ね、07年度と12年度を比較すると、生徒が付箋に記入する感想の文字数が格段に増えたという。「切り抜き」という紙媒体ならではの新聞活用を通し、ニュースの価値判断に無意識のうちに触れることができ、同級生とのコミュニケーション能力の育成にもつながるようだ。一方で今後の課題として、下村さんは「発表者の事前準備や、プレゼンテーション能力の向上など、積極性や自主性をもっと喚起させる工夫と努力が必要」と話す。

生徒の約４割が家庭で新聞を購読しておらず、授業での発表を指名されて初めて新聞と真剣に向き合う生徒も少なくなかったという。

下村さんはこれまでの実践を振り返り、こんな感想をつづってくれた。「生徒が変わったかどうか、その答えは簡単には出ない。（継続したことについて）一番思うのは、生徒の意見を読むことが楽しかったということに他ならない。生徒が自分の思いを書く姿に、読む姿に心が沸き立った。家庭の悩みや将来への不安が、記事の感想に加えて素直に文字で表現されていると、生徒一人ひとりの存在の大切さを思う。変わったのは実は私自身だ」

そしてこう述べている。「私の授業は収穫のあてのない種まきで、出ない芽もあるし、成長していく芽もある。しかし願ってやまないことは、自分たちが生きている社会に関心を持ってほしいということ、そして自分の考えを持ち、それを発信していってほしいということだ」

新聞を「今」を学べる教材として大いに役立ててほしい。そこにNIEの魅力があると思う。

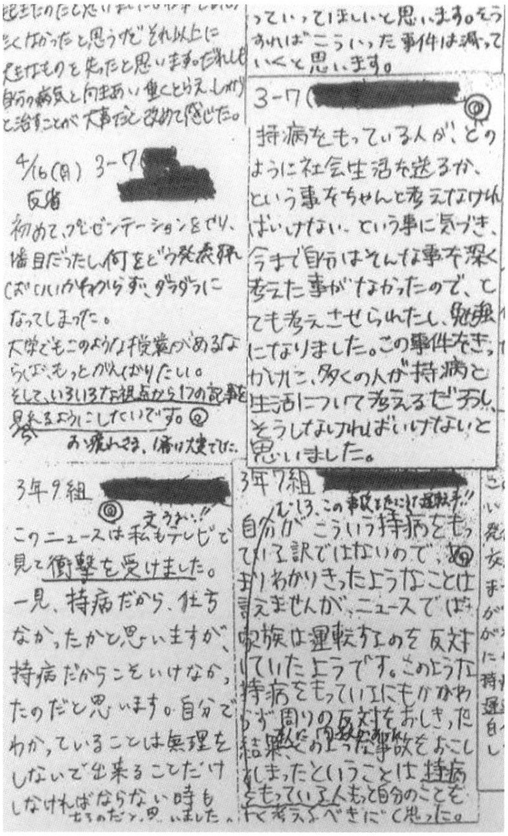

▲京都・祇園で歩行者７人が死亡した2012年４月の暴走事故の新聞を読み、生徒たちは運転者に持病があったことなどについて意見を書き込んだ

▲新聞活用実践教室で報告する下村厚子講師

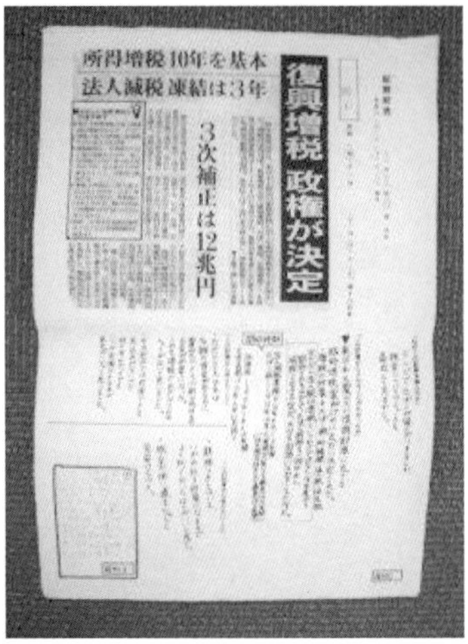

▲生徒の新聞発表のプリント原稿

▲特別講座で新聞記事を切り貼りして、何をなぜ切り抜いたのか、ここからどんなことを考えたかを発表している男子生徒＝横須賀学院高校で2013年１月

卒業生も「良かった」

下村さんの追跡調査（2012年）に、卒業生は在学中の新聞活用授業の感想をこのように寄せた。率直な感想から実践を継続した成果が伝わってくる内容なので紹介したい。

「こういうことをやるのは初めてで、最初は正直嫌だなあと思っていました。しかし、どんどんやっていくうちに、いろんな記事に触れられて次はどんな記事の発表なのか楽しみになりました。記事だけでなく付箋があったからこそ記事について深く考えられたし、みんなの感想を読むことによって勉強になりました」（大学１年女子）

「私の家では新聞を取っていないので、この発表でいろんな記事を知ることができました。テレビでニュースを見てもすぐ忘れちゃったりするので、ノートにして残せたのも良かったです」（大学１年女子）

「新聞記事を選んでまとめることは文章能力もつくし、付箋で皆の意見を共有できたのも良かった」（大学３年女子）

「社会に興味を持つという意味でも勉強になります。いろんな意見を通して、こんな考え方もあるんだ！って発見も勉強になると思います。今の高校生に言っても『めんどくせえなあ』くらいにしか思われないかもしれませんが、長い目で見ればやる意味はあると思います」（大学４年男子）

「今年から社会人になった今の僕が思っていることですが、とても大事な授業だったと思います。社会に出てから『新聞を読め』とどこでも言われます。あの授業以降も新聞を読む癖をつけておけば良かったと後悔しています」（社会人１年目男子）

▲「社会に出て思う新聞の大切さ」──。追跡調査に対する卒業生の感想

NIEコラム

「自分社説」でキャリア教育

新聞記事を読み、話し合い、自分社説を書くという「NIEを活用したキャリア教育」に兵庫県立三田祥雲館高校の宮下巨樹教諭が2012年度、1年次の総合的な学習の時間の「探究Ⅰ」で取り組んだ。単位制の普通科高校として開校して11年目、キャリア教育を高校で必修化しようという動きがあるなか、社会の接点となる新聞の特性に注目した実践だ。

「生徒たちが先のビジョンを持っていないのではと思ったことも（実践理由の）一つ。まっとうな社会認識がなければキャリア教育は難しい。新聞が役に立つのではないかと考えた」。12年度末に神戸市内で開かれた兵庫県NIE実践発表会で宮下教諭はそう語った。

▲宮下巨樹教諭

報告の副題は『『自分社説』社会を知り、自分を探り、未来を拓く』。新聞記事を読む、対話・熟議で理解を深める、自分社説を書く――という授業の流れに沿うものだ。

年間指導計画は「高校ではどのように学べばよいのだろう」（4月に7回、オリエンテーション合宿も）に続き、自分社説づくりなどの「社会の中でどう生きるか」（5～9月の13回）、さらに「現代社会の諸課題を探る」（10～12月の10回）、「テーマ新聞を作ろう」（1～3月の6回）――の4単元で構成されている。

「熟議し、話し合い、よく資料を読むことで、科学的リテラシー、言語能力を育てる。学校のガイダンス部が中心となって、指導案やワークシートの作成には全教員が参加して取り組む」。こうした点がポイントだそうだ。

社会を探るために「少子高齢社会」「インドネシアとフィリピンの看護師試験合格者」などの新聞記事を使い、人口減がもたらす問題や対応を考えた。毎回、きめ細かなワークシートが配られ、「新聞記事から読み取れる日本の人口減に関して大事なところを抜き出してみよう」などと記入を求めた。

6月末から「自分社説」を書く準備に入り、自分のキャリアを具体的に考え、客観的な文章にまとめるわけだが、宮下教諭は「原稿用紙だけ渡して『書いて』と言われても生徒は書けないので、事実、問題提起、結論というように、ワークシートを使い、とにかく型を習得させるよう心がけた」と振り返る。生徒たちは夏休みの課題として自分社説を執筆。9月に添削、推敲、清書を経て、全員が発表する流れにした。

研究会で「自分社説」を閲覧すると、将来の希望職種が関心テーマとともに書かれていた。「気象庁職員（異常気象）」「AOインストラクター（科学技術）」「保育士（少子高齢化）」「経済スペシャリスト（グローバル化）」「ジャーナリスト（情報化社会）」「検察官（インターネット犯罪）」「ホテルフロント（国際化）」……という具合だ。

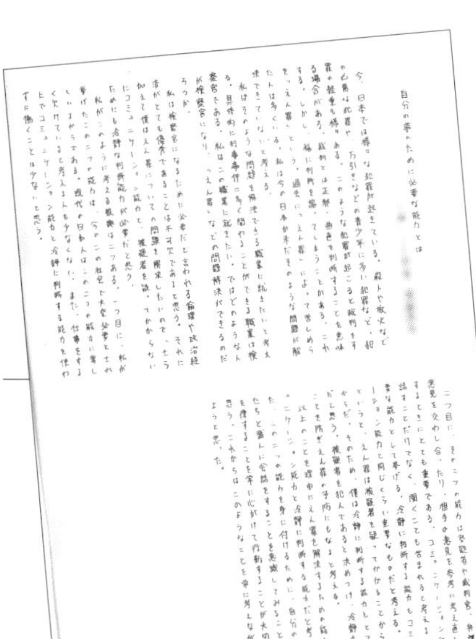

▲生徒が書いた「自分社説」

12年春の大学卒業者の約23％が「安定的な雇用に就いていない」ことが学校基本調査で分かり、大学教育と就職の「接続不備」の問題点が指摘されたが、高校卒業時にも共通する課題だろう。宮下教論は新聞を活用した実践について「はからずも科目選択など進路相談になる副次的効果もあった。自分の興味、関心を持って、2年次へとつなげていく。どんな成果が上がったのか、検証を続けたい」と話している。

政党をつくろう

▶千葉県立千葉高校

選挙で若年層の低投票率が指摘され、政治への無関心が問題になるなか、高校生に「政治が身近になり、選挙権を得たら投票したい」と感じさせた授業がある。千葉県立千葉高校の２年生がそれぞれのクラスで４グループに分かれて政党を結成し、マニフェストを作り、他党と政策論争する政治・経済の授業（４回構成）だ。新聞記事を資料として、現実の政治動向を把握しながら、実際のデータから累積の国債残高を念頭に予算規模を設定し、独自の政策について白熱の論戦を展開。「この中から何人も政治家が誕生しそうだ」と思えるほど教室は熱気に満ちていた。

「国債は増やさない」

詰めえりの制服を着た男子生徒が上気した様子で声を張り上げた。「日本ミシンの会は国債を減らすために小さな政府を目指します」。2012年11月30日、２年Ａ組の教室。「政党をつくろう」の授業は政策論争の決勝を迎え、男子６人、女子３人で構成する「日本ミシンの会」の〝閣僚〟たちは党首の宣言に続き、マニフェストの説明を始めた。「ミシン？」。どうやら日本維新（イシン）の会をもじったようだが、政策を説明する生徒たちは真剣そのものだ。

「基本方針は今後30年を見越す。今は少子化対策に重点を置き、子どもが増えれば需要が増えるので景気の回復が見込まれます。さらに国の収入は増え、減税も可能になる。そのため増税は行いません。規制緩和を積極的に行います」

「続いて財源問題に移ります。基本方針は国債をこれ以上増やさないということです。国債を増やして国の歳入とすることは以下の２点から良くないと思います。１、将来の金利負担が増え、財政破綻を招く。２、借金を返済するために増税が行われる可能性があり、景気が悪化する……」。非常に早口だ。説明したいことがいっぱいなのだ。

少子化対策で婚活サポート

景気雇用対策からスタートして財源問題、年金、少子高齢化対策、復興、環境、外交、防衛……とテーマごとに「担当大臣」がリレー方式で説明していく。

たとえば少子化対策。厚生労働大臣役の男子生徒が立ち上がった。「日本の未婚者は男女関係が活発とは言えないのが実情です。そこで婚活をサポートします。また、子どもを産みやすい社会の実現を目指します」

分刻みで持ち時間をチェックしている担当の藤井剛教諭が「ゴー」と合図し、相手政党の女子生徒が質問に立った。

「少子化対策で『出会いの場を創造』とあるが、若者の少ない地域では限界があるのでは？」

「確かに限界はあると思うが、地方のことは地方がよくわかっている。政府としては援助金を出すことで、委託先の地方自治体にやってもらいます。それは我々の目指す小さな政府の根幹です」

聴衆の生徒が手を上げ質問した。「小さな政府なら、民間の分業を推進しなければならないのに、あなたたちは事業の民間委託を何もしていない。どうですか？」

〝党首〟が答えた。「小泉政権で小さな政府をある程度促進し、民営化は限界なんですよ。だから（マニフェストは）規制緩和と事業削減にしています」

さらに、原発、領土問題、社会保障、環太平洋パートナーシップ協定（TPP）など今日的なテーマについて活発な質疑応答が繰り返された。エキセントリックな批判口調や逆質問がなく、マナーに好感が持てる。これは本物の政治家にも見せたいくらいだ。

「新聞で政治を研究」

藤井教諭は同校でディベートや模擬裁判などユニークな政治・経済の授業を展開してきた。こうした実践について「教科書と離れているように見えるが、政治・経済の教科書のあらゆる分野を学べます。新聞を読むきっかけにもなり、将来の有権者として政治が身近になると思う」と説明する。

教室では同校 OB で東京大学大学院生（政治学専攻）の勝又裕斗《ひろと》さんと新聞記者が参加し、判定や助言を行った。勝又さんは「非常に良い議論でした。ミシンの会は前回よりわかりやすいマニフェストになっている」と感想を述べ、「限られた財源なので、新規事業を行うならばほかの事業を削るなど、マニフェストに整合性が必要。その点を細かく説明してほしい」と指摘した。

生徒たちはテーマごとに政策を練り上げるため新聞を精読して現実の政治を研究したという。Ｆ組の長尾愛美《まなみ》さんは「テレビのニュースや新聞を参考に勉強して、公約発表に興味が膨らんだ」と話していた。

■新聞記事を教材に

≪民主党が政権の座に就いてから３年間の経済政策は迷走を重ねた。「コンクリートから人へ」を掲げ、公共事業や企業補助金重視から家計に力点を置いた経済活性化を目指したが、看板政策の多くは中途半端に終わった。予算の無駄を省いて16.8兆円の財源を確保するとの目標が大幅に狂ったのが原因だ……≫（毎日新聞朝刊「経済混迷の３年間」（2012年11月17日付））

このように難解な政治、経済関連の記事を生徒たちは懸命に読んで勉強したという。授業後のアンケートで「１回の発表に授業を含めてどのくらい準備時間をかけましたか？」の問いに「20時間」を含め「10時間以上」の回答が大半だった。

2013年度から高校で実施された新学習指導要領は生徒が学習の見通しを立て、学習を振り返ることで自主的に学び、学習意欲を向上させるよう求めている。公民科の各科目で「情報を主体的に活用する学習活動を重視する」「作業的、体験的な学習を取り入れるよう配慮する」ことを提起。そのために「統計、年鑑、白書、新聞、読み物、地図その他の資料を収集、選択し、それらを読み取り解釈する」学習活動の意義を示す。

これは千葉高生の姿そのもので、藤井教諭の授業は指導要領の掲げる理想を体現したような「白熱教室」と映った。

▲ライバル党のマニフェストについて質問内容を相談する生徒たち＝県立千葉高校で2012年11月５日

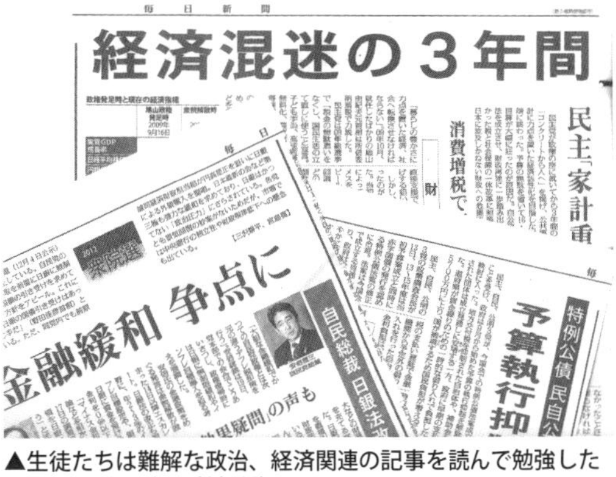
経済混迷の３年間
消費増税で
金融緩和　争点に

▲生徒たちは難解な政治、経済関連の記事を読んで勉強した（記事は毎日新聞社提供）

■「政治が身近に」生徒が感想

生徒たちに行った無記名アンケート（母数317）で注目されるのは、政治的関心の高まりだ。回答の評価基準を「５＝強くそう思う（非常によい）」、「４＝ややそう思う（よい）」、「３＝どちらともいえない（ふつう）」、「２＝あまりそう思わない（あまりよくない）」、「１＝まったくそう思わない（よくない）」にして以下の点を尋ねた（アンケート結果のグラフ参照）。

（質問）もともとの政治的関心は高いですか
（結果）⑤28、④80、③122、②66、①21

（質問）授業後、政治的関心は高まりましたか
（結果）⑤141、④143、③27、②６、①０

授業の前後で平均値が3.09から4.24へと上昇している。これは驚異的な数字だ。

さらに、「投票権を得たら――」との問いを続けた。有権者となった自分を想像した生徒たちは次のように回答した。政治への興味が喚起された様子がうかがえる。

（質問）投票権を得たら、各政党の政策を判断して投票しますか
（結果）⑤175、④113、③22、②５、①１（回答なし１）

■新聞を読み、家族と話し合う

感想を自由に書いた欄からいくつかピックアップしてみた。

「『政党をつくろう』の授業のために新聞や本、インターネットなどで調べたりして理解も深まったので良かったと思う。今まではあまり政治に興味を持てなかったけど、今は各政党の政策に少し興味が持てるようになった」

「こんなに楽しくて、また私のような政治に興味のない、嫌いくらいに思っている奴のやる気を引き出す授業を受ける機会を作ってくれてありがとうございました！」

「政治に興味を持つための良い機会でした。駅前で演説していた政治家にお話をうかがったりして、自分の論を深められました」

級友と真剣に論を交わす様子が伝わる感想もあった。

「党内で議論をしているうちに『誰のための政策か』があいまいになって、企業のためにはなるが、国民の利益にならない政策を進めてしまったりして、国会議員もこのような状況に陥ってしまうのかと思いました」

「厚生労働省の大臣になりましたが、雇用や医療、年金、児童手当など、とにかくたくさんやることがあって大変でした。雇用、年金問題を見ていて、少し未来が暗くなりました」

家族との対話が促された様子や、政治参加への決意もうかがえる。

「政策などを考えるときに父に聞いたりしてみると、考えを見直されたりして、大人として企業で働いている人としての雇用の見方は、働いたことのない私の見方とはやはり違うと再認識しました」

「この後で政治にも関心が出て、新聞を読んだり、家族で話し合うことも増えました」

「国民一人ひとりが国をより良くしていこうと思わないといけない、選挙に行かないなんてもってのほかだと、この授業を通じて政治に対する関心がさらに深まりました」

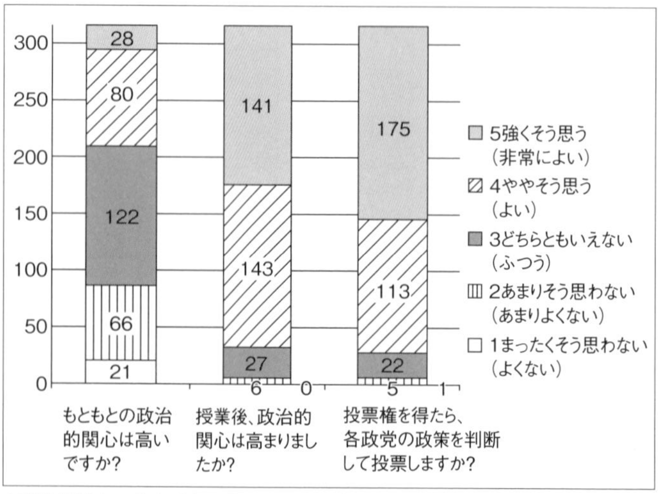

▲政治的関心の高まりを示すアンケート結果

◇授業計画

■政党を選ぶ

全８クラスを対象に、50分授業で４回構成。

（A）積極財政で防衛力増強

（B）緊縮財政で防衛力増強

（C）積極財政で防衛力は維持ないし縮小

（D）緊縮財政で防衛力は維持ないし縮小

――以上４党を設定し、生徒が自由に選択し、政党名をつけ、各大臣の役割を決める。

■マニフェスト

実際の2011年度予算をベースに、景気・雇用対策などの論点を精査したマニフェストを作成。新規事業は予算の増加を認めず、ほかの事業項目の削減をルールづけ、各省庁の調整は「担当大臣」たちが行い、マニフェストをペーパー（B4用紙表裏）にまとめる。これらの準備を１回目の授業で行う。

■政策論争

マニフェストの発表と政策論争を２～４回の授業で予選、決勝のトーナメント方式で実施。たとえばＸ党とＹ党が対戦する場合、両党は聴衆（他党の生徒たち）に向かって左右に並ぶ。「Ｘ党の政策発表（９分）」「作戦タイム（２分）」「質疑応答（聴衆も含め９分）」と進み、攻守を代えてＹ党も同条件で行い、「聴衆（生徒）による投票と開票（10分）」を行う。

▲授業のポイント整理

「政党をつくろう」授業プラン

１．目的：政党を結成し、マニフェストを作成し、他党と政策論争を行う。

２．授業の流れ

（１）政党の枠組み　☆次回までに決めてくること！

	日米安保を強化し、防衛力を増強する	日米安保、防衛力ともに現状維持又は縮小する
積極財政で「大きな政府」を目指す	A	C
緊縮財政で「小さな政府」を目指す	B	D

（２）次回の授業

①Ａ～Ｄに分かれ、政党名を決める（変更可）

②党内の役割を決める。

☆最低必要なポスト：党首、副党首、財務大臣、外務大臣、農林水産大臣、厚生労働大臣、防衛大臣、経済産業大臣、エネルギー担当大臣

※兼務は可能だが、副大臣等もおいて、一人一役以上は就くこと。

③各党で「マニフェスト」を作成する。

☆マニフェスト作成上の注意

Ａ．最低必要な論点：ａ．景気・雇用対策、財源問題（消費税など税制改革、国債の諸問題）、

ｂ．年金・医療（少子化対策を含む）、

ｃ．復興関連（原発を含む）、環境問題（京都議定書、新エネを含む）、

ｄ．外交問題（領土問題、ＴＰＰを含む）、

ｅ．防衛問題（沖縄の基地問題、自衛隊の海外派遣を含む）

※この論点以外の設定は可とする。

Ｂ．マニフェストは「政策論争トーナメント」で発表、論争を行う。

Ｃ．マニフェスト作成に関し、予算の増加は認めない。

※新規事業は、どこかの予算を削って行うこと。どこの予算を削るか明記すること。

ベースの予算は、「２０１１年度予算（資料集２８５頁）」とする。

※「小さな政府」派は、累積国債残高を減らすと同時に「予算の縮小」は可。

Ｄ．マニフェスト作成手順（案）

ａ．最低限の方針を全体で作成→担当大臣等ごとに担当部分の案を作成→他省庁と調整が必要な案件は関係大臣会議→担当大臣の案の調整→調整会議……→全体会議

ｂ．担当大臣等が担当部分の案を作成→他省庁との調整→……→全体会議

ｃ．党首のトップダウンによる指示→担当大臣等が担当部分の案を作成→他省庁との調整→……→全体会議

ｄ．その他

（３）政策論争トーナメント

①マニフェストに基づいた討論を行う。

②時程：　Ａ．Ｘ党の政策発表（９分）

Ｂ．作戦タイム（２分）

Ｃ．質疑応答（オーディエンスからも含めて９分）

Ｄ．Ｙ党の政策発表（９分）

Ｅ．作戦タイム（２分）

Ｆ．質疑応答（オーディエンスからも含めて９分）

Ｇ．投票・開票（１０分）

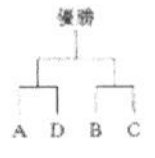

※５分前集合

③投票者：Ｘ・Ｙ党以外の生徒

※投票と同時に、Ｘ・Ｙ党へのアドバイスメモを作成し、終了後、各党に渡す。

④政策発表の際は、Ｂ４裏表のペーパー、黒板を利用できる。

※Ｂ４裏表の原稿は、前日の１７時までに藤井に提出する。

⑤政策発表と質疑応答は、その政党のメンバーなら誰でも可とする。

※リレー方式も可とする。

※質問は、回答者を指名できる。

（４）今後の日程

準備時間	１時間	ＡＢＥＦ：１１／７（水）	ＣＤＧＨ：１１／６（火）
トーナメント	１試合目	ＡＢＥＦ：１１／２６（月）	ＣＤＧＨ：１１／２０（火）
	２試合目	ＡＢＥＦ：１１／２８（水）	ＣＤＧＨ：１１／２７（火）
	決勝	ＡＢＥＦ：１１／３０（金）	ＣＤＧＨ：１１／２９（木）

↑ 金曜授業

３．評価

オーディエンスからの得票率＋授業担当者

４．資料

2009年衆議院選挙　各党マニフェスト（子育て・教育）

自民党	民主党	公明党	共産党	社民党	国民新党
◎今後３年間で３～５歳の幼児教育を無償化する。◎高校大学生向けに返済義務のない給付型奨学金制度の創設。◎出産・育児後の女性を雇用する事業主を支援する。	◎中学卒業まで一人あたり月２万6000円の子ども手当支給。◎生活保護の母子加算を復活する。◎出産時55万円の一時金を支給する。◎公立高校無償化、私立高校生に月１２万円か２４万円を支給する。	◎児童手当の支給対象を小学校６年生までから中学校３年までに拡大し、支給額を倍増する。◎幼児教育を無償化する。◎保育所の待機児童をゼロにする。◎高校の授業料に給付型奨学金制度を導入する。	◎育児介護休業中の所得保障６割へ増額。◎保育料・幼稚園授業料への補助金新設。◎子供医療費無償化。◎小学６年までの児童手当の倍増と１８歳までの支給延長。	◎中学卒業までの医療費無償化。◎生活保護の母子加算復活。◎児童扶養手当の父子家庭への支給新設。◎１８歳までの子ども手当の新設。	◎高校教育の無償化。◎奨学金の充実。◎「躾の時間」を３歳まで義務化する。◎下宿生への仕送り減税の新設。

▲「政党をつくろう」の授業計画表

英文ニュースで学ぶ

▶大阪府立 東《ひがし》 百舌鳥《もず》高校

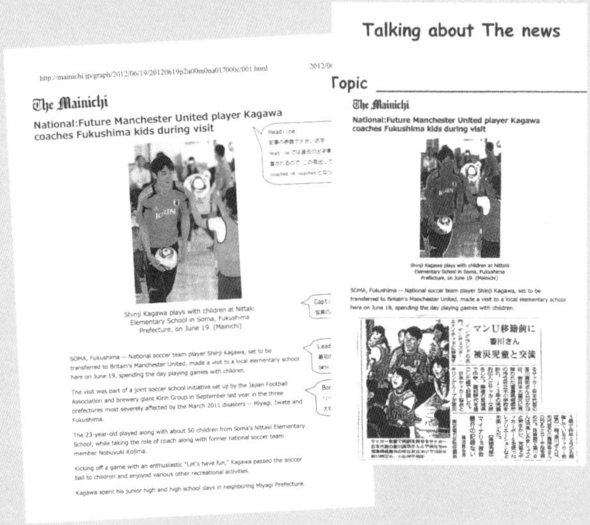

http://mainichi.jp/graph/2012/06/19/20120619p2a00m0na017000c/001.html

The Mainichi

National:Future Manchester United player Kagawa coaches Fukushima kids during visit

Shinji Kagawa plays with children at Nittaki Elementary School in Soma, Fukushima Prefecture, on June 19. (Mainichi)

SOMA, Fukushima -- National soccer team player Shinji Kagawa, set to be transferred to Britain's Manchester United, made a visit to a local elementary school here on June 19, spending the day playing games with children.

The visit was part of a joint soccer school initiative set up by the Japan Football Association and brewery giant Kirin Group in September last year in the three prefectures most severely affected by the March 2011 disasters -- Miyagi, Iwate and Fukushima.

The 23-year-old played along with about 50 children from Soma's Nittaki Elementary School, while taking the role of coach along with former national soccer team member Nobuyuki Kojima.

Kicking off a game with an enthusiastic "Let's have fun," Kagawa passed the soccer ball to children and enjoyed various other recreational activities.

Kagawa spent his junior high and high school days in neighboring Miyagi Prefecture.

Talking about The news

Topic ____________

The Mainichi

National:Future Manchester United player Kagawa coaches Fukushima kids during visit

Shinji Kagawa plays with children at Nittaki Elementary School in Soma, Fukushima Prefecture, on June 19. (Mainichi)

SOMA, Fukushima -- National soccer team player Shinji Kagawa, set to be transferred to Britain's Manchester United, made a visit to a local elementary school here on June 19, spending the day playing games with children.

マンU移籍前に
香川さん
被災児童と交流

英文ニュースを活用したワークシートで高校の英会話授業が行われている。約20年前から高校や大学の授業に英文記事を活用しているベテラン教師が作った「日本語との対比型ワークシート」だ。生徒にとって興味深いニュースを英語と日本語で読み比べて、表現力やコミュニケーション能力を高めるよう、グループディスカッションを絡めて活気ある授業を展開している。教師の報告を聞いた。

香川選手が登場

「あ、サッカーの香川選手だ！」。2013年２月、大阪府立東百舌鳥高校（堺市中区）の２年生を対象とした「オーラル・コミュニケーション英語」の授業でどよめきが起こった。英語科の和泉敬子・非常勤講師が配布したワークシートにサッカー日本代表でイングランドの名門マンチェスター・ユナイテッドの香川真司選手の写真が載っていたのだ。「生徒たちが興味を持てるように」とニュースサイトから探し出した素材は大好評だったという。

この写真を添付した記事は、香川選手が東日本大震災の被災児童と交流した様子を報じた毎日新聞社の英文ニュースサイト「The Mainichi」記事と毎日新聞本紙夕刊（いずれも2012年６月19日付）だ。

英文ニュースの横には吹き出しを作り、（１）見出し＝「Headline（記事の表題で大きい活字）」（２）写真に添えた短文＝「Caption（写真の説明文）」（３）前文＝「Lead（最初の段落、最低限必要な5W1Hが盛り込まれている）」（４）本文＝「Body（リードの内容を詳しく述べる大切な情報の順に述べる本文）」──などと解説し、英字新聞の構成を理解しやすいよう工夫してある。

複数のワークシートを用意

その上で、英文の見出しと写真説明を和訳させ、英文で「選手はだれ？」「場所はどこ？」「日時は？」「何をしている？」「なぜそこを訪れた？」「何人の子どもたちが一緒に遊んだ？」「ゲームが始まる時、彼はなんと言った？」「サッカーだけ楽しんだの？」「近く移籍するチームはどこ？」などを意味する質問項目を並べた。

さらに、「あなたなら被災地の施設や病院、学校で何ができますか？」と問い、少人数のグループで日本語で意見を交わす。これまでの支援体験や今後の予定などを語り合い、その内容を学生自身が英文記事の文型を参考に書き、英語で発表する授業案にした。

また、発表原稿を書く練習用に別のワークシートも準備し、要約、意見、感想を整理しやすいよう英

NIE worksheet no.1

http://mainichi.jp/graph/2012/06/19/20120619p2a00m0na017000c/001.html 2012/06/19

毎日新聞 2012年(平成24年)6月19日(火) 夕刊 4版

The Mainichi

National:Future Manchester United player Kagawa coaches Fukushima kids during visit

Shinji Kagawa plays with children at Nittaki Elementary School in Soma, Fukushima Prefecture, on June 19. (Mainichi)

SOMA, Fukushima -- National soccer team player Shinji Kagawa, set to be transferred to Britain's Manchester United, made a visit to a local elementary school here on June 19, spending the day playing games with children.

The visit was part of a joint soccer school initiative set up by the Japan Football Association and brewery giant Kirin Group in September last year in the three prefectures most severely affected by the March 2011 disasters -- Miyagi, Iwate and Fukushima.

The 23-year-old played along with about 50 children from Soma's Nittaki Elementary School, while taking the role of coach along with former national soccer team member Nobuyuki Kojima.

Kicking off a game with an enthusiastic "Let's have fun," Kagawa passed the soccer ball to children and enjoyed various other recreational activities.

Kagawa spent his junior high and high school days in neighboring Miyagi Prefecture.

Headline
記事の表題で大きい活字
Headline では過去の出来事は現在形で書かれるので，この見出しでは，
coached ⇒ coaches となっている

Caption
写真の説明文

Lead
最初の段落，最低限必要な5W1H が盛り込まれている

Body
リードの内容を詳しく述べる
大切な情報の順に述べる本文

マンU移籍前に
香川さん
被災児童と交流

イングランドの名門、マンチェスター・ユナイテッドに移籍するサッカー日本代表の香川真司さん(23)が19日、東日本大震災に見舞われた福島県相馬市の市立日立木小学校を訪れ、1〜3年の児童約50人とサッカー交流をした。隣接の宮城県で中学、高校時代を過ごした縁で訪問した。

日本サッカー協会とキリングループが被災3県で昨年9月から開催しているサッカー教室の一環。香川さんは、元代表の小島伸幸さん(46)らとコーチ役を務めた。体育館で香川さんは「楽しみましょう」と声をかけ、児童とサッカーボールを使ったレクリエーションなどを楽しんだ。【高橋秀郎】

サッカー教室で笑顔を見せるサッカー日本代表の香川真司さんと子供たち＝福島県相馬市の市立日立木小で19日午前10時37分、小出洋平撮影

Q1 Put the Headline into Japanese:

______

Q2 Put the Caption into Japanese:

______

______

Q3 Read the news article and answer the questions:

1. Who is the athlete in the picture?
2. Where is he in the picture?
3. What date was it?
3. What is he doing in the picture?
4. Why did he make a visit there?
5. How many children played games with Kagawa?
6. What did he say when he kicked off a game?
7. Did they enjoy only soccer?
8. What football team is Kagawa set to be transferred to soon?

Class(　　) Name(　　　　　　　　)

NIE worksheet

Talking about The news

Topic ______

The Mainichi

National:Future Manchester United player Kagawa coaches Fukushima kids during visit

Shinji Kagawa plays with children at Nittaki Elementary School in Soma, Fukushima Prefecture, on June 19. (Mainichi)

SOMA, Fukushima -- National soccer team player Shinji Kagawa, set to be transferred to Britain's Manchester United, made a visit to a local elementary school here on June 19, spending the day playing games with children.

マンU移籍前に
香川さん
被災児童と交流

Who?	
What?	
When?	
Where?	

Summary

1. This topic gives us information on ______
This newspaper article is about ______

2. ______ ______ on ______ (in/ at) ______
Who? What? When? Where?

✎You try!

______

______

______

______

Opinion

3 I believe we should ....
I think that the (news / article / story) is (great / terrible / interesting) because ......
In my opinion, we should ....

✎You try!

______

______

______

______

Impression

4 I enjoyed reading this topic because ....
I was (glad / excited / happy) when I read this (news / article / story).
It is interesting that ....
I was surprised to ......
I was very disappointed at ......

✎You try!

______

______

______

______

Name (　　　　　　　　)

▲香川真司選手の英文ニュースを活用したワークシート（新聞記事は毎日新聞社提供）

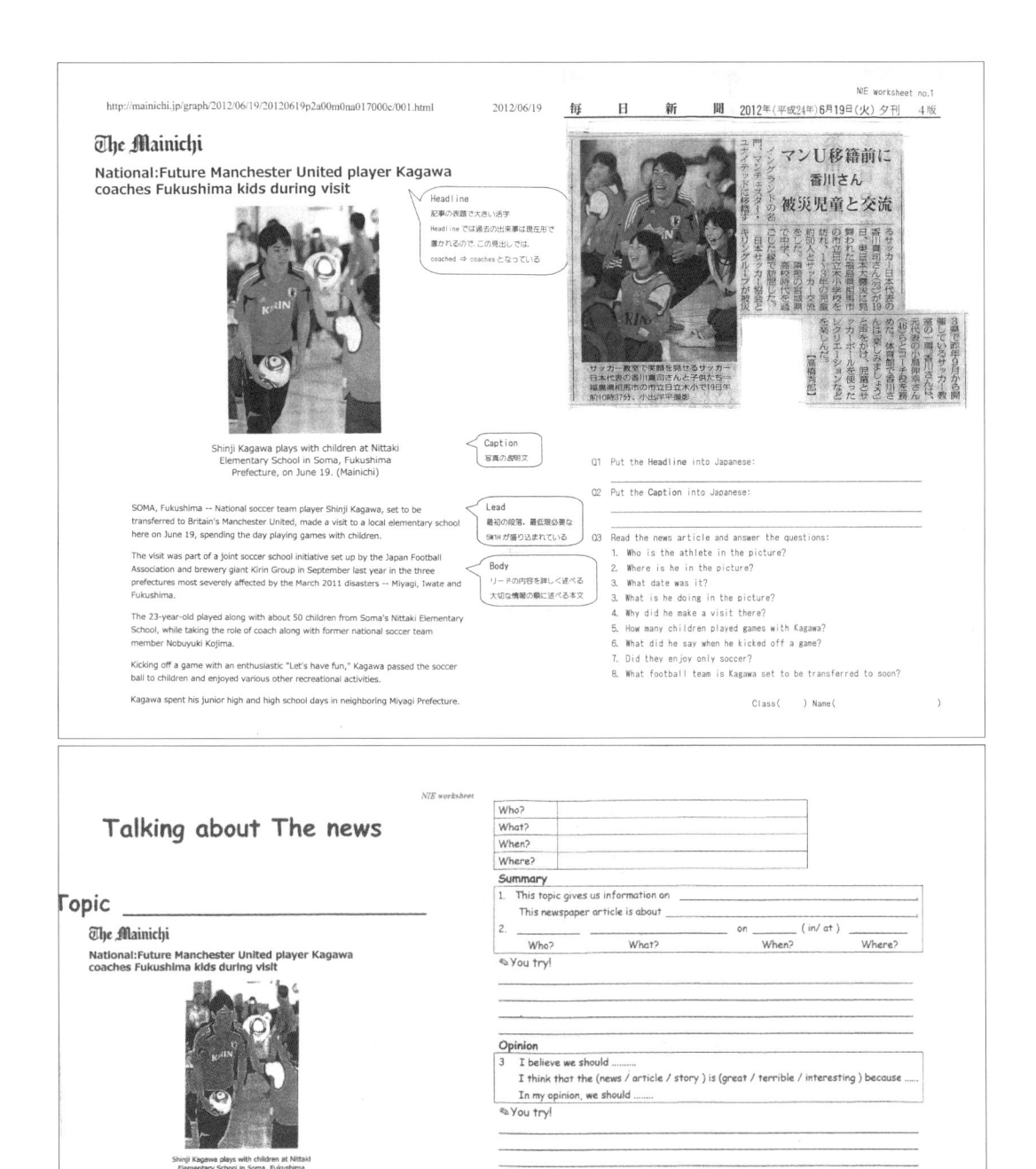

文の書き出しをあらかじめ印刷しておき、後の空欄を埋める形にしている。

「This topic gives us information on……」「I believe we should……」「I enjoyed reading this topic because……」

質問も答えも英語で

まず和泉さんがワークシートに加え、英字新聞「The Daily Yomiuri」を示し、日本語と英語の記事を読み比べ、内容を理解するよう促した。

続いてオーストラリア出身の女性ALT（英語指導助手）のアマンダさんが「The Mainichi」を読み聞かせ、ワークシートの「Q3」の質問をし、生徒に英語で答えさせる。

「Why did he make a visit there?（なぜ香川選手は訪問したのか？）」と尋ねると、男子生徒が「うーん、スマイル（Smile）！」と答える。「Give smile!」の声も聞こえた。すると、アマンダさんが「smilesとsをつけてto give smilesにしましょう」と英語でアドバイスした。別の表現の「To make children happy（子供たちを楽しませるため）」も教えた。

さらに「Did they enjoy only soccer?（みんなサッカーだけを楽しんだのですか？）」と尋ねると、生徒は一斉に手を挙げ、ある男子生徒が「various other recreational activities（いろんなレクリエーションも）」と答えた。難しい英語表現に、別の男子生徒が「えっ？なんでそんなにバンバン答えられるんや？」と驚く。「ほら、ここに書いてある！」と英語記事の文中を示した。アマンダさんは「No. They enjoyed various other recreational activities（いいえ、いろんなレクリエーションもしました）」と、さらに長い表現を教えた。

▲防災を訴える「稲むらの火」の英文ワークシートを手にする和泉敬子さん

「話せる英語」へのステップ

英語と日本語の読み比べの授業に和泉さんは「生徒たちが学習に積極的に関わり、授業が活発に展開できる。生徒が『Smile』など名詞で答えて、動詞を使うようにALTから助言されたが、高校生は英単語の語彙はある程度持っているので、単語では答えられるし、英文記事から探すことはできる。課題は英単語を語句として運用する力をつけることで、それが『話せる英語』へのステップになる」と感じたという。

また、授業では、要約、意見、感想を英語で書くライティングの練習のための別のワークシートも試してみた。「要点には写真のキャプションやリード文が役立ちますよ」とヒントを与えた。

授業終了後、和泉さんは「ALTの先生とインタビューの仕方をデモンストレーションしたり、Opinion（意見）とImpression（感想）の違いも例示したかった」と話したが、40分より多少長ければ可能だろう。また、アマンダさんは「日本の英語新聞は日本社会の出来事を扱っているので、生徒たちは内容を知っている。新聞記事は教科書と違って、外国語をいっそう身近にしてくれ、興味や意欲を引き出せる」と話したという。

「興味持てた」生徒たち

このオーラル・コミュニケーション英語は、少人数にするため1クラス（40人）を2班に分けて行っている。被災児童と交流する香川選手の英文ニュースを使った授業について、1班の2年生18人に和泉さんがアンケートを行った集計がある。

まず「新聞記事を使った授業を受けたことありますか？」の問いには、「ある」（16人）と答えた生徒が大半で、そのうち小中学校のころに受けた生徒も

４人いた。

「英語の記事を読んだことがありますか？」の問いには、「ある」が４人、「ない」が14人だったが、「今日、英語と日本語の記事を比べながら記事を読みました。どうでしたか？」と尋ねると、「興味を持てた」が13人で、感想を書かせると、「とても楽しかった」「また英語をたくさん読みたい」「英語記事を読んだことがなかったので日本語の新聞は読みやすい」「単語が身につく」「見出しが現在形だ」「読みやすかった」などの感想があった。

また、「あまり興味を持てない」と答えた生徒も５人いたが、必ずしも消極的ではなく、「もっと英語を理解できたら楽しめたのに」「もう少し単語を覚えてからまた読んでみたい」などと前向きな姿勢がうかがえた。

「記事を読んで、自分の意見や感想を書く練習をしました。どうでしたか？」との質問に複数回答を求めたところ、「英文の書き出しが書かれているので、書きやすい」（８人）、「難しいが、英語の力がつく」（７人）、「難しすぎてできない」（５人）、「自分の意見や感想を言えるようになりたいので役立つ」（４人）、「１人で書くのは難しいのでペアで書くと書きやすい」（２人）の順となった。

大学生や社会人にも使える

和泉さんは2007年から12年まで、和歌山大学非常勤講師として観光学部の学生らに観光や和歌山県内の自然をテーマとした英会話の授業を行った。たとえば、同県太地町のイルカ漁を批判的に描き米アカデミー賞の長編ドキュメンタリー賞を受賞した米ドキュメンタリー映画「ザ・コーヴ」、白浜の観光施設に生まれた双子のパンダなどの記事を積極的に使った。和泉さんは「素材の選び方や質問などの工夫次第で高校生に限らず、大学生や社会人にも対応可能なワークシートが作れるでしょう」と話す。

いずれも5W1H、要約、意見、感想をまとめる作業を基本に、４、５人のグループ形式でニュースの要約や感想をプレゼンテーションする方式を推奨する。「同級生の理解の度合いが確認でき、他者の考え方や意見を知ることでコミュニケーションを深めることができる」からだ。さらに「関連動画を視聴すればより相乗的な学習効果が得られる」と話している。

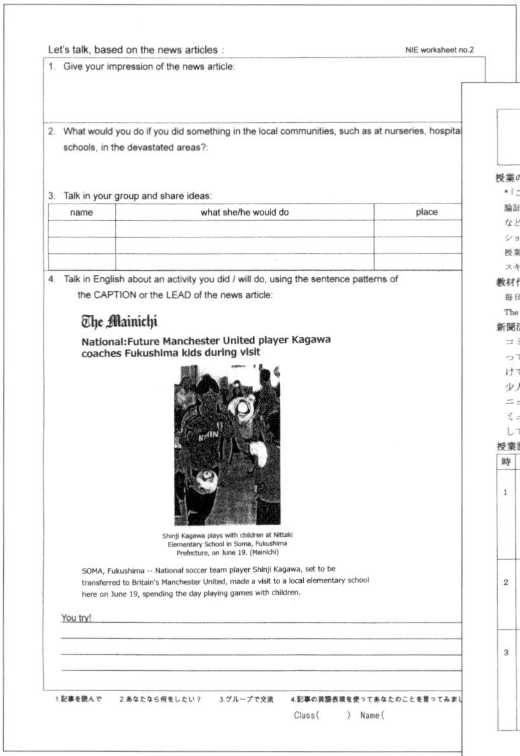
Let's talk, based on the news articles :　NIE worksheet no.2

1. Give your impression of the news article:

2. What would you do if you did something in the local communities, such as at nurseries, hospita
schools, in the devastated areas?:

3. Talk in your group and share ideas:

name	what she/he would do	place

4. Talk in English about an activity you did / will do, using the sentence patterns of the CAPTION or the LEAD of the news article:

The Mainichi

National:Future Manchester United player Kagawa coaches Fukushima kids during visit

Shinji Kagawa plays with children at Nittaki Elementary School in Soma, Fukushima Prefecture, on June 19. (Mainichi)

SOMA, Fukushima -- National soccer team player Shinji Kagawa, set to be transferred to Britain's Manchester United, made a visit to a local elementary school here on June 19, spending the day playing games with children.

You try!

1.記事を読んで　2.あなたなら何をしたい？　3.グループで交流　4.記事の英語表現を使ってあなたのことを言ってみまし

Class(　　　)　Name(

▲グループで話し合うためのワークシート

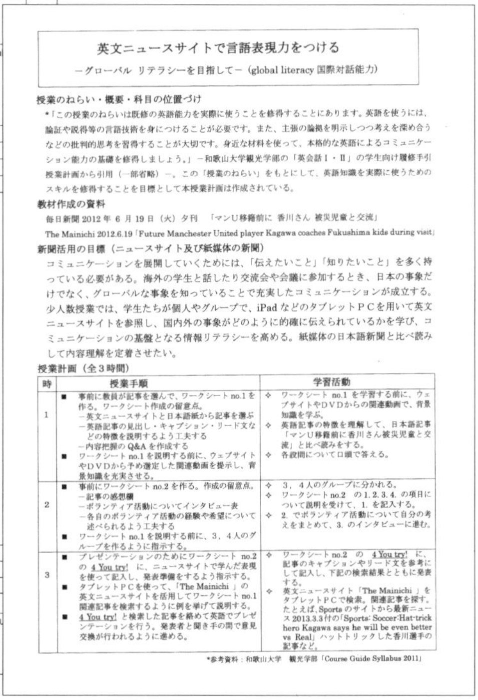
英文ニュースサイトで言語表現力をつける

－グローバル リテラシーを目指して－（global literacy 国際対話能力）

授業のねらい・概要・科目の位置づけ

*「この授業のねらいは既修の英語能力を実際に使うことを修得することにあります。英語を使うには、論証や説得等の言語技術を身につけることが必要です。また、主張の論拠を明示しつつ考えを深め合うなどの批判的思考を習得することが大切です。身近な材料を使って、本格的な英語によるコミュニケーション能力の基礎を修得しましょう。」－和歌山大学観光学部の「英会話Ⅰ・Ⅱ」の学生向け履修手引授業計画から引用（一部省略）－。この「授業のねらい」をもとにして、英語知識を実際に使うためのスキルを修得することを目標として本授業計画は作成されている。

教材作成の資料

毎日新聞 2012 年 6 月 19 日（火）夕刊　「マンU移籍前に 香川さん 被災児童と交流」

The Mainichi 2012.6.19「Future Manchester United player Kagawa coaches Fukushima kids during visit」

新聞活用の目標（ニュースサイト及び紙媒体の新聞）

コミュニケーションを展開していくためには、「伝えたいこと」「知りたいこと」を多く持っている必要がある。海外の学生と話したり交流会や会議に参加するとき、日本の事象だけでなく、グローバルな事象を知っていることで充実したコミュニケーションが成立する。少人数授業では、学生たちが個人やグループで、iPad などのタブレットＰＣを用いて英文ニュースサイトを参照し、国内外の事象がどのように的確に伝えられているかを学び、コミュニケーションの基盤となる情報リテラシーを高める。紙媒体の日本語新聞と比べ読みして内容理解を定着させたい。

授業計画（全３時間）

時	授業手順	学習活動
1	■ 事前に教員が記事を選んで、ワークシート no.1 を作る。ワークシート作成の留意点。 －英文ニュースサイトと日本語紙から記事を選ぶ －英語記事の見出し・キャプション・リード文などの特徴を説明するよう工夫する －内容把握の Q&A を作成する ■ ワークシート no.1 を説明する前に、ウェブサイトやＤＶＤから予め選定した関連動画を提示し、背景知識を充実させる。	✧ ワークシート no.1 を学習する前に、ウェブサイトやＤＶＤからの関連動画で、背景知識を学ぶ。 ✧ 英語記事の特徴を理解して、日本語記事「マンＵ移籍前に香川さん被災児童と交流」と比べ読みをする。 ✧ 各設問について口頭で答える。
2	■ 事前にワークシート no.2 を作る。作成の留意点。 －記事の感想欄 －ボランティア活動についてインタビュー表 －各自のボランティア活動の経験や希望について述べられるよう工夫する ■ ワークシート no.1 を説明する前に、３，４人のグループを作るように指示する。	✧ ３，４人のグループに分かれる。 ✧ ワークシート no.2　の 1. 2. 3. 4. の項目について説明を受けて、1. を記入する。 ✧ 2. でボランティア活動について自分の考えをまとめて、3. のインタビューに進む。
3	■ プレゼンテーションのためにワークシート no.2 の 4 You try! に、ニュースサイトで学んだ表現を使って記入し、発表準備をするよう指示する。 ■ タブレットＰＣを使って、「The Mainichi 」の英文ニュースサイトを活用してワークシート no.1 関連記事を検索するように例を挙げて説明する。 ■ 4 You try! と検索した記事を絡めて英語でプレゼンテーションを行う。発表者と聞き手の間で意見交換が行われるように進める。	✧ ワークシート no.2　の　4 You try!　に、記事のキャプションやリード文を参考にして記入し、下記の検索結果とともに発表する。 ✧ 英文ニュースサイト「The Mainichi 」をタブレットＰＣで検索。関連記事を探す。たとえば、Sports のサイトから最新ニュース 2013.3.3付の「Sports: Soccer:Hat-trick hero Kagawa says he will be even better vs Real」ハットトリックした香川選手の記事など。

*参考資料：和歌山大学　観光学部「Course Guide Syllabus 2011」

▲授業手順と学習目標をまとめた資料

その他の取り組み編

アフリカ特派員に スカイプでインタビュー

▶奈良女子大付属中等教育学校

世界のどこでも無料でコールできるインターネット電話サービス「スカイプ」を使い、海外と教室を結んで国際社会の最前線を実感できる授業が各地で行われている。奈良女子大付属中等教育学校（奈良市東紀寺町）では、新聞社のアフリカ特派員の記事を教材に、スカイプで筆者にインタビューする特別授業が行われた。

記事の筆者が動画で“登場”

「さあ、つなげてみよう」。その瞬間、畳ほどの大きさの電子黒板に眼鏡の中年男性が現れた。2013年3月1日午後4時、若草山や興福寺の五重塔を望む3階メディア教室に「ワーッ」という声が上がった。

「こんにちは。聞こえますか？」。画面で話しかける男性は毎日新聞の服部正法《まさのり》・ヨハネスブルク支局長。7時間の時差がある南アフリカの現地時間は午前9時。約1万2000キロ離れた日本の奈良との間で動画と音声がつながった瞬間だ——。

それまでの経緯を説明しておこう。2013年元日、毎日新聞の正月特集に「明日をひらくアフリカ」というタイトルロゴのついた記事「『手洗い』が守る命」が載った。せっけんを使った手洗い運動が広がっている東アフリカ・ウガンダを服部記者が現地取材した計4376字の長文記事で、衛生環境の改善に日本企業が支援し、それがビジネスにもつながるという内容だ。

「この記事の筆者とスカイプで教室を結べないだろうか」。国語担当の二田貴広教諭はひらめいた。打診を受けた毎日新聞社側も「実験的な NIE 授業で興味深い」と応じ、アフリカと奈良の双方で特別授業の日時や段取りを決め、通信状況のチェックを重ねた。

本番1時間前の午後3時。生徒会役員など2年（5人）、3年（7人）、4年（3人）、5年（6人）の有志の生徒21人がこの記事を教材に、「新聞記事の『読み』と新聞記者へのインタビューで何がわかる？」とタイトルが付いた二田教諭作成のワークシート（A3）に書き込みを始めた。そこには①新聞記事に載っていることで、うかがってみたいこと②新聞記事に載っていない（関連する）ことで、うかがってみたいこと——の記入欄がある。

記事を読む途中、意味の不明な点が出てきた2年生が5年生に質問した。「ウイン・ウインってどういう意味？」「マイクロファイナンスって？」「アフリカ開発会議とは？」……。中高一貫校ならではの場面だろう。

▲インタビュー前に記事を読んでワークシートに質問を記入する生徒

本番30分前、二田教諭が「お互いにワークシートを見せ合って、この質問がいいな、と思うものに印をつけよう」と声を掛けた。

ライブ感覚にわくわく

午後４時。服部記者が画面に登場した。

「私はアフリカ大陸のサハラ砂漠より南の49カ国を取材して記事を書く仕事をしています。実は新聞記者としての振り出しが奈良支局で、奈良に３年住みました。奈良が大好きで、奈良の皆さんに助けてもらって今の新聞記者生活があると思っています。よろしくお願いします」

すかさず生徒たちが「よろしくお願いしまーす」と答え、さっそくインタビューが始まった。

「日本人はいつから（アフリカの支援に）携わってきたのですか？」。まず２年生が質問に立った。

「アフリカとの関わりを他の先進国と比べると、結びつきは薄いのが現実だと思います。ヨーロッパの各国はアフリカ大陸を植民地支配しましたので、特にイギリス、フランス、ポルトガルあたりは結びつきが強いです」。服部記者がていねいに答える。

「私たちは（春から）３年生として中学生を引っ張っていくのですが、学校全体で私たちができることはありますか？」（生徒）

「いきなりボランティアは難しい。まずアフリカのことに少しでも関心を持ってもらうことだと思います」（服部記者）

「この記事で伝えたかったことは？」（生徒）

「日本にいると手洗いって当たり前ですよね。（ウガンダには）それができなくて死んだり、病気になっている子がいます。手洗いで人の命が救えるということを日本の人たちに気づいてもらいたかった」（服部記者）

質問者の学年が上がっていき、ある女子生徒が「この取材を通して、アフリカへの援助について気持ちに変化はありましたか？」と尋ねると、服部記者はこう答えた。「援助だけではアフリカは好転しない。貧しい人たちも経済成長を手にできるように、困っている人の仕事がうまくいく仕組みが大事だと思います」

「鋭い質問ですね」

最後に５年生が質問に立った。女子生徒がこんな質問をした。「日本人がアフリカに対するメディアのイメージの中で見落としているものは何ですか？」

▲インタビュー前に記事を読んでワークシートに質問を記入する２年生

「アフリカはいま（経済が）成長している、と言いながら、私の書く記事のメーンは紛争やテロ、貧困の問題だったりする。アフリカに関わっている人からは、メディアはアフリカのマイナスイメージばっかり流している、と言われることがある。その通りだと思います。じゃあどうしたらいいのか。これが難しい。個々の記者に問われている問題です。現実にはマイナスなことがたくさん起きていて、先日取材した西アフリカのマリの紛争も世界的に見たら大事なニュースです。私たちも反省し、試行錯誤しながらやっていて、私の中にもズバリという解答がない。ただ、今回の『明日をひらくアフリカ』での手洗いの話は、アフリカのポジティブな成長の面を書けたのかなと思います」

ライブ感あふれる質疑応答に生徒たちが引き込まれていく。続く男子生徒は「この記事の下にアフリカ開発会議の広告がありますが、意図的に掲載されたものですか？」と尋ねた。

「そもそもこの記事は元旦の別刷りの特集記事で、2013年はアフリカ開発会議のある年なので、アフリカ特派員の私に相談がありました。それとは別に、新聞にはお金をもらって載せる広告があり、アフリカの記事に関連する広告を担当者が出してもらうことにした。ただし、そこに記者はタッチしてなくて、できあがった新聞を見て初めてどのような広告が下にあるのか知るのです」。答える服部記者も真剣そのものだ。やりとりが続く。

「それに関連して、新聞社として広告との絡みで記事の内容に制約があるのですか？」（生徒）

「おー、鋭い質問ですね。結論から言うと、制約はありません。編集権の独立というメディアにとって大切な原則があり、広告を取りたいがために記事を書くというのはやってはいけないのです」（服部

記者）

これぞ白熱教室

「新聞はラジオやテレビと違って音や動画がない。文字と写真だけで情報を伝える媒体だからこそ、ほかにはできない情報の伝え方はあるのでしょうか」（生徒）

「すごくいい質問ですね。実は私は新聞社に入る前にテレビ局でディレクターをしていました。テレビで伝えていることを文字にしてみると情報量はすごく少ない。新聞や雑誌だと伝える中身はすごく多い。ただ、テレビは取材した中身を増幅して心に訴えてくる力が強く、すごくインパクトがある。機能が全然違う。どっちがいいということではなく、どちらも役割があって素晴らしいが、私はテレビづくりより新聞で書く方が向いていると思ったのです」（服部記者）

「読む人のことを考えて記事を変えることもありますか？」（生徒）

「いろんな受け止め方があるかもしれませんね。ただ、我々の仕事ではまずこちら側の視点があり、相手によく思われたくて書くということはありません」（服部記者）

「主体的に情報を得たい」と感想

インタビューは予定の時刻を30分もオーバーして１時間半に及んだ。現地の人たちが登場したり、景色が見られたりすると、さらに迫力が増すだろう。最後に二田教諭が「この生徒たちは復興支援や国際交流にかかわっていて、今日の授業はとても勉強になりました」と礼を言った。すると服部記者は「最後にひとこと言わせてください」と切り出し、「私が初めてアフリカに来たのは学生時代の19歳。アフリカの人によくしてもらって楽しかった。それが原点です。アフリカを『遅れていてかわいそうだから、なんとかしてあげたい』と思うことは大事だとは思いますが、私はアフリカの人たちを弱者だと思ったことはないです。楽しいポジティブな人たちなんだということを伝えたいのです。それをちょっと頭の片隅に置いてください」と呼びかけ、生徒たちは拍手で応じた。

ライブ感覚あふれる授業のあと、生徒たちは以下のような感想を書いた。

「ただ単に援助をするのではなく、その人たちに必要なこと、大切なことを考えて行動できればいいと思う」（２年）▽「新聞を深く、疑問を見つけながら読むことで物事に対する理解が深まった」（３年）▽「服部さんから学んだことを東日本大震災復興へ活用していきたい」（４年）▽「これまでは人から得た情報を一方的に吸収するだけだった。これからは主体的に情報を得るようにしたい」（５年）――。

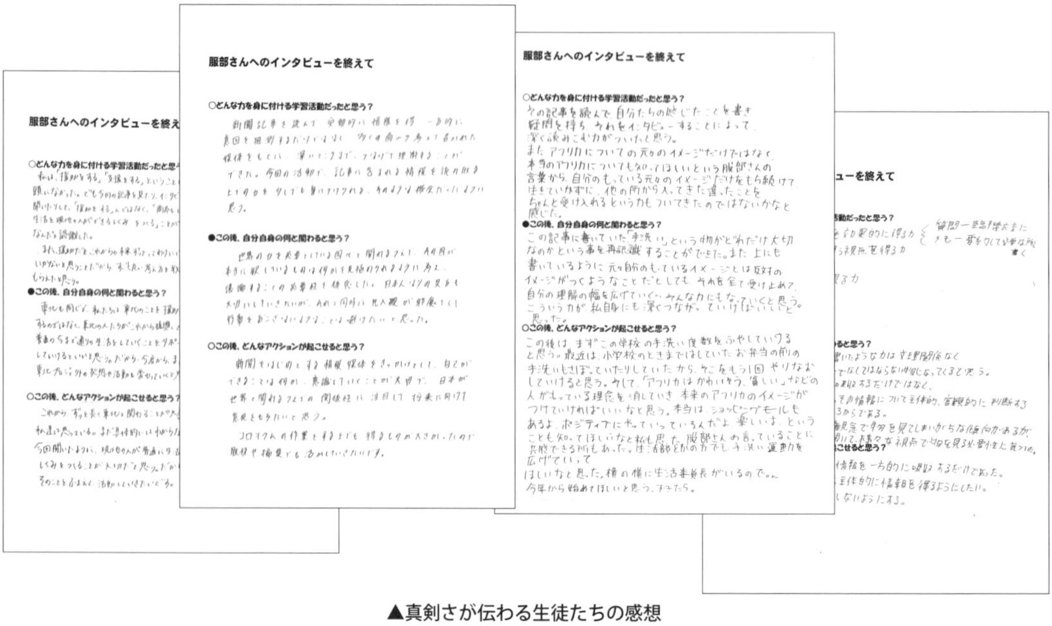

▲真剣さが伝わる生徒たちの感想

▲▶毎日新聞正月特集紙面
「明日をひらくアフリカ」（2013年元日付）
（毎日新聞社提供）

外国人に小学生新聞

▶東京都江戸川区立小松川第二中学校（夜間学級）

東京の下町にある夜間中学で、中国残留孤児の引き揚げ者や来日間もない外国人が子ども新聞で日本語の読み書きを学んでいる。漢字にふりがながつき、言葉の基礎問題もあるので日本語に苦労する人たちにはありがたい。

「にほんご、むずかしいだよ」

2012年９月11日、東京都江戸川区立小松川第二中学校の夜間学級を訪ねると、「アンパンマン」の絵柄のエプロンをつけた白川行彦教諭が日本語の授業で３人のお年寄りと向き合っていた。

「きりーつ（起立）、れー（礼）、ちゃくせーき（着席）」

午後５時40分、始業のあいさつをした途端、生徒の西村和雄さんが「せんせー（先生）！」と手を挙げて、「ちょくりつ（直立）というのはどういうことか」と尋ねた。黒板に人の体の絵を描きながら説明する白川さんに、西村さんは頭をかきながら「にほんご、むずかしいだよ」と声を上げた。

教室では西村さんの妻の金英淑《きんえいしゅく》さんと青木英子さんの３人が机を並べる。いずれも約10年前に中国から引き揚げ、日本語はひらがなを読むのがやっとだという。「そうだね、難しいよね」。白川さんがうなずきながら１枚のプリントを配った。

老眼と小学生新聞

この日の毎日小学生新聞（毎小）に掲載された「ことばは力（ちから）」の一部を拡大コピーしたものだ。老眼に配慮して文字がかなり大きく見える。辞書をルーペでのぞく金さんの横で西村さんが「あやまったは、にほんごでゴメンナサイね？」。白川先生は「そうそう」とうなずき、「でも、『あやまった』の意味はそれぞれ違うんだよね」と声を掛ける。そのあと、生徒たちは白川教諭と一緒に音読した。

この記事は、いつも出勤前に新聞各紙に目を通す白川教諭が「これは教材にしたい」と思って持参したものだ。独学の中国語も交えた説明に、生徒たちは「うんうん」と何度もうなずいていた。

続いて渡された毎小（９月９日付）の「こくごのもり」のプリントは「いつ・だれ・なに・どこ・なぜ」から一つずつ空欄に入れて文章が成り立つ内容だ。≪帰りは「○○」になりますか≫などの短文に合うものを生徒が選ぶ。

空欄が埋まると、白川先生は言った。「では、この『いつ・どこ……』を使って自分のことを作文し

▲「いろいろ『あやまった』の意味があります」と話す白川教諭

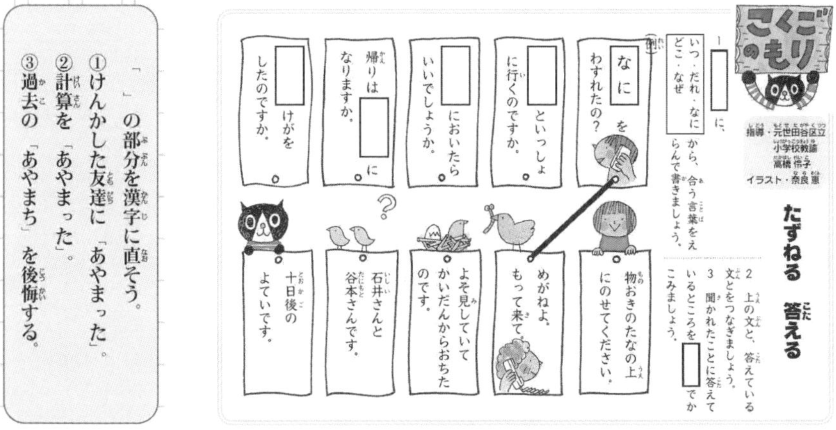

▲毎日小学生新聞の記事（2012年９月11日付と９月９日付）を使った教材

てみましょう」。日本語による発表会が将来開かれた時に生徒がスピーチできるよう考えているのだ。

そのほか、新聞の写真にタイトルやキャプションをつけたり、イラストにひらがなやカタカナで言葉を自由に入れる試みも実践。「視覚的な要素のある方が取り組みやすい」と考えたからだ。漫画も有効で、毎小の４コマ漫画「チビルくん」の吹き出しの文字を消して空欄にし、せりふを考えながら自分なりの物語を作る実践にも取り組んでいる。ちなみに1936（大正11）年12月創刊の毎日小学生新聞（日刊）にはかつて手塚治虫、藤子不二雄、園山俊二、松本零士ら大物漫画家がアマチュア時代に作品を発表している。

白川教諭が子ども新聞の記事を教材化した理由は、生徒の学習体験や日本語の習熟度を考慮し、「一般紙では理解が難しい」と判断したからだ。毎小のほか、朝日小学生新聞（日刊）、読売 KODOMO 新聞（週刊）なども活用している。

信頼と笑顔の教材

小松川第二中学の夜間学級の生徒は約60人。そのうち中国人は約６割で、フィリピン、ルーマニア、リトアニア、台湾、ベトナムなどを含め外国人が９割近くを占める。最寄り駅の JR 総武線平井駅の周辺を歩くと、あちこちから中国語の会話が聞こえてくる。多くの中国人が暮らす街だという。白川教諭から学ぶ西村夫妻は12年前、青木さんは10年前に永住帰国した。ようやくひらがなが読めるようになったが、買い物など日常生活でも苦労が絶えない。

取材した９月11日はくしくも日本政府が尖閣諸島を国有化した日で、これを境に中国各地で反日デモが本格化し、満州事変の発端となった柳条湖事件（1931年９月18日）から81年となる９月18日に向けて反日活動はエスカレートしていった。しかし、こうした日中間の緊張をよそに、白川教諭と生徒が言葉を交わす教室は信頼と笑顔に満ちた「和みの風景」を映し出していた。

夜間学級のある公立中学は全国８都府県に35校あり、戦争で学ぶ機会を失った人や在日韓国・朝鮮人、出稼ぎの外国人の家族らが通う。現在の日本には、第二次世界大戦末期の混乱から中国人家庭に育てられた残留孤児の帰国者は、２世、３世などの親族を含めれば数万人にのぼるとみられ、その多くは貧困にあえいでいるが、教育を十分に受けておらず、高年齢もあって日本語習得は困難を極めている。

「ありがとう」。授業終了後、西村さんは晴々とした表情で教室を後にした。「尊厳ある晩年」を祖国で過ごそうという人たちの日本語学習に、「子ども新聞」が威力を発揮していることは NIE の可能性を示しているのではないか。夜の街に浮かび上がる教室の窓明かりを見ながらそう感じた。

▲辞書をひきながらプリントで学ぶ生徒（手前）

① 第25728号 昭和20年11月13日第3種郵便物認可 2010年（平成22年）5月26日 水曜日 （日刊）

毎日小学生新聞

声《こえ》を出《だ》して読《よ》んでみましょう。

レナウン中国《ちゅうごく》企業《きぎょう》傘下《さんか》に

経営《けいえい》再建《さいけん》中《ちゅう》のアパレルメーカー「レナウン」は24日《か》、中国《ちゅうごく》の繊維《せんい》メーカー「山東如意科技集団《さんとうにょいかぎしゅうだん》」（山東省《さんとうしょう》）と資本《しほん》・業務《ぎょうむ》提携《ていけい》を結《むす》ぶと発表《はっぴょう》しました。東証《とうしょう》1部《ぶ》上場《じょうじょう》企業《きぎょう》が中国《ちゅうごく》企業《きぎょう》の傘下《さんか》に入《はい》るのは初《はじ》めてです。レナウンは百貨店《ひゃっかてん》向《む》けの衣料品《いりょうひん》販売《はんばい》の不振《ふしん》でブランド力《りょく》が下《さ》がり、経《けい》営《えい》が悪化《あっか》していました。最近《さいきん》、資本力《しほんりょく》のある中国《ちゅうごく》企業《きぎょう》の日本《にっぽん》企《き》業《ぎょう》買収《ばいしゅう》が相次《あいつ》いでおり、今後《こんご》もこのようなケースが増《ふ》える可能性《かのうせい》があります。

経済《けいざい》

②

▲簡潔でルビのついた記事が便利。中国人帰国者の生徒に関心の高いニュースを使い、「声を出して読んでみましょう」の太字を加えた教材（毎日小学生新聞2010年5月26日付）（毎日新聞社提供）

▶視覚的にイメージを描きやすい漫画は、言葉を想像して書き込めるよう吹き出しを空白にするなどの加工をして教材として使う（朝日小学生新聞2009年7月12日付）（朝日学生新聞社提供）

NIEコラム

全市立校で推進

「さいたま市教育委員会がNIEですごい協定を結んだ」というニュースは新聞活用授業に取り組む現場教師たちに驚きをもって伝わった。新聞各社の協力を得て（1）全市立学校への新聞の一定期間の無料配布（2）新聞記者の派遣（3）教員研修などの実施――という内容の協定が2011年3月、さいたま市教委と各新聞社などで作る「埼玉県NIE推進協議会」との間で結ばれたのだ。

◀さいたま市教育長としてNIEを推進した桐淵博さん

残念ながらNIEの熱心な実践者から「教育委員会や校長が非協力的で、肩身が狭い」「変わり者扱いされ、学校で浮いた存在だ」などの声が聞かれる。NIEの浸透には教育委員会や校長の理解と支援が不可欠だ。それだけに、この協定の持つ意味は大きい。市内すべての市立学校164校（小、中、高、特別支援学校）でNIE活動を推進する「決意表明」ともとれるからだ。100万人規模の都市で教育委員会をあげてNIEに取り組むのは全国的にも珍しく、その旗振り役を務めた桐淵博教育長（2013年6月末退任）は「NIEは単に学力の観点だけではなく、人間形成の面からも有意義。行政が姿勢を示すべきだ」と語る。

さいたま市（人口約124万人）は2001年に、浦和、大宮、与野の3市が合併して発足した。日本新聞協会が認定し、新聞提供を受けて授業で活用するNIE実践指定校の割合（延べ数）が2011年度に35％と、20％に満たない他の政令指定都市に比べ高いように、この地域はもともとNIE活動が盛んだった。市は2008年3月、「知・徳・体・コミュニケーション」を掲げた「学校教育ビジョン」を策定し、そこにNIE推進ネットワーク事業の実施も盛り込んだ。

さいたま市教委と同市は「将来なりたい職業を見つけられる子ども」「自分の言動に責任のもてる子ども」「クリティカル・シンキングのできる子ども」――などを育成指針に掲げており、桐淵教育長は「そうした子どもの育成にNIEは重要」と明言した。その理由は、「中学教師としての現場体験から、最近の子どもたちに『書く』という基本動作が減っている」と感じるからだ。

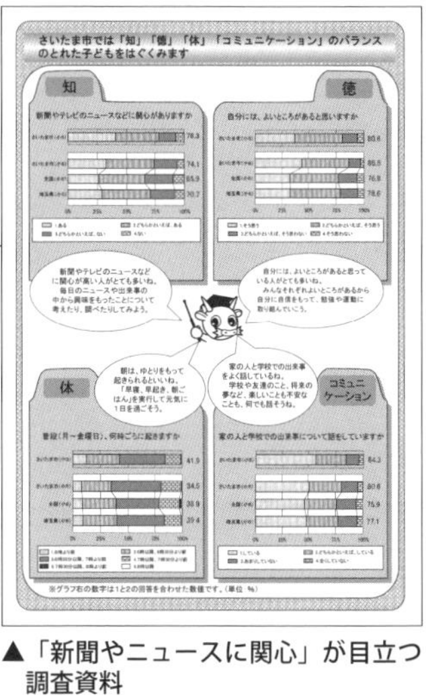

▲「新聞やニュースに関心」が目立つ調査資料

協定締結の約半年後、教育長室を訪ねると、桐淵さんはかつて生徒や保護者と交わした何十冊もの「学級通信」を見せてくれた。黄ばんだノートに刻まれた手書きの文字は生徒や保護者との信頼の証しだ。そんな彼はこう言ったことがある。「子どもたちにとって、新聞を開くのは、窓を開けて外の景色を見るということ。そこに見えてくる世の中はきれいなものだけじゃない。けれど、意図と作業を伴う行為であり、学ぶものは多い」

さいたま市の場合、2012年度の全国学力・学習状況調査（全国学力テスト）で、小学6年の教科に関する平均正答率は国語A（知識）が83・7％と、全国平均（81・6％）を2・1ポイント上回り、国語B（活用）も2・9ポイント上回った。また、「新聞やテレビのニュースなどに関心がある」とする比率が全国平均より8・2ポイントも高かった。同市教委は「新聞に関心がある方が学力も高いという相関関係があると考えられる」と分析している。さいたま方式のNIE実践が将来、どのような成果をもたらすか楽しみだ。

ことばの貯金箱

▶被災地から全国の学校へ

学校以外の公民館や図書館などで、幅広い世代が参加する「地域NIE」が注目されるなか、東日本大震災の被災地のプレハブ仮設住宅で、新聞から心に響く言葉を切り抜く「ことばの貯金箱」という取り組みが始まった。救済や追悼、希望や復興など心の叫びを託す文字を画用紙などに貼って表現する活動で、2013年7月末に静岡市で開かれたNIE全国大会では初心者向けワークショップが行われ、全国の小中学校など教育現場へと広がろうとしている。

被災地の仮設で始まる—再生を託して

「ことばの貯金箱」を提唱、実践しているのは、元仙台市立中学の教諭で白鴎大学講師の渡辺裕子さん。「学校の内外を問わず、もっと多くの人たちに新聞を使ったコミュニケーションの楽しさを知ってほしい。それが地域コミュニティの再生にもつながる」。そう考え、小中学校で親子参加型のNIE活動の普及に力を入れ、2006年から「NIEで向こう三軒両隣」を合言葉に公民館や神社を巡回しながら新聞を使って学ぶ「地域NIE」に取り組んできた。世代を超えて取り組める楽しさが評判を呼び、各地のNIEセミナーで引っ張りだこだ。

2011年3月11日。東日本大震災を同市内の自宅で体験した渡辺さんは被災者の心のケアが気がかりで、被災地の仮設住宅や小中学校を訪ね、NIE活動を通した対話を続けている。

震災から1年3カ月後の2012年6月13日、仮設訪問を続ける渡辺さんは海岸線に近い同市若林区の世帯数15という小規模な仮設住宅を約2カ月ぶりに訪ねた。詩の朗読や仙台弁の語りでコミュニケーションを図った前回と同じように、プレハブ住まいのお母さんたちが集会所にキュウリの漬物、タケノコやフキの煮物など手作りの品を持ち寄って集まった。そこで渡辺さんは新聞を配り、こう呼びかけた。

「今日は皆さんに『ことばの貯金箱』をやっていただきます。新聞から自分が大切だと思う言葉を選んで切り抜いてください」

お母さんたちは新聞紙面に目を走らせ、文字をはさみで切り抜くと、箱代わりのポリ袋に入れていった。渡辺さんは「それを台紙に貼ってください」と声を掛けた。「震災乗り越え」「半歩ずつでいいんだ」「これからがスタート」「恩返しの人生を」「花

▲仮設住宅のお母さんの作品（渡辺裕子さん提供）

咲く未来心待ち」……。カラフルな画用紙を埋める文字に被災者の心情が浮かび上がった。

次にこの「作品」を隣の人たちに見せながら、自分が抱える気持ちを伝え合った。福島県から避難中の主婦が「言葉を貼っていくことで心が整理されてスッキリした」と話す姿を見て、渡辺さんは「心の奥底にある思いをさらけ出すことで前に進めるのでは」と感じた。日々の出来事の喜怒哀楽がいっぱい載った新聞ならではの「学び」と言えそうだ。

小中学校の実践に反響

「あなたもすぐにできます」「言葉の億万長者になりましょう」――。NIE 教育コンサルタントとして活動している渡辺さんは「ことばの貯金箱」の伝道師として被災地の学校も回り始めた。教師になる前のアナウンサー時代に培った巧みな話術が生きる。「言葉を箱に入れる時に『チャリーン』と声を出しましょう」と声を掛けると、子どもたちは一斉にはさみを手に切り抜き作業にかかる。

「つながる」「瞳の輝き」「再生へ　心ひとつに」「未来照らす」「夢と希望」……。仙台市立東宮城野小の５年生は連帯の決意や復興の願いを込めた言葉を画用紙に貼り付けた。

また、同市立生《おい》出《で》中の１年生は「シンプルだけど、おもしろい」「時間がたつのを忘れるほど熱中した」「家では母が楽しそうに続けていて、いつの間にか祖母も父も（言葉を）貯金箱に入れていました」などと感想を語った。

実践した教師やスクールカウンセラーから「子どもたちの興味、関心や心の動きがつかめる」「カウンセリングの資料に有効」などの声も聞かれた。また保護者は「子どもとの話題が増え、選ばれた言葉から子どもが何を思い、考えているのか想像できる」などの感想を語ったという。

各地に広がる実践

被災地以外からも講師として招かれ、2012年末に東京都千代田区で開かれた教師向け NIE セミナー「第100回新聞活用実践教室」（毎日新聞社主催）ではワークショップを行った。受講していた東京都北区立東十条小学校の川崎由美子教諭は、自分もはさみで試しながら「道徳の授業に取り入れよう」とひらめいた。

▲「ことばの貯金箱」に取り組む仙台市立生出中の１年生たち＝2012年11月９日（中村京教諭撮影）

約１カ月後の翌年１月23日、川崎教諭は教室で担任を務める５年生と向き合っていた。人種差別と闘った米国の黒人女性歌手マリアン・アンダーソンの黒人霊歌「深い川」を聴かせた後、「マリアンの気持ちや生き方に合う言葉を新聞の見出しから見つけよう」と呼びかけた。

児童らは「心の貯金箱」と書かれた手作りの紙箱を取り出し、新聞を机に広げた。川崎教諭は「言葉を箱に入れるときには大きな声で『チャリーン』と言ってくださいね」と呼びかけた。「せっかくだから楽しみながらやりましょう」と助言した渡辺さんの指導を参考にしたのだ。子どもたちは喜々としてはさみを動かし始めた。

「変わらぬ輝き」「あきらめない未来」「人間を信じたい」「未来向いて世界と交流」……。チャリーンという元気な声が教室に響くたびに、子どもたち自身にも励みとなる言葉が「心の貯金箱」に次々と吸い込まれていった。

気合のこもったスピーディーな授業進行に、参観した他校教師から「子どもたちがもっとゆっくり考えてもいいのでは」という声や、道徳教育のベテラン教師から「学習指導要領で指導内容として示される道徳的価値はどうか？」などの指摘も出たが、教師と児童の強い信頼感がうかがえる魅力的な授業だった。こうした一体感こそが心の交響を促し、人間らしい思いやりを育む自立的な実践なのではないだろうか。

特別授業で保護者も感激

栃木県足利市の白鴎大学足利中学校で４月30日、

▲新聞から切り抜いた言葉をワークシートに貼る子どもたち
＝東京都北区立東十条小学校で2013年１月23日

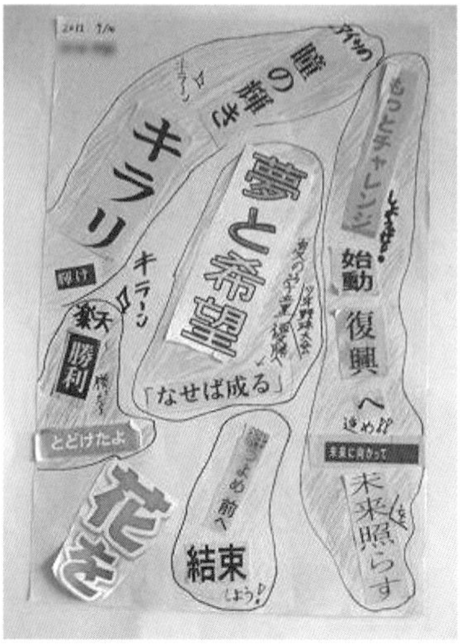

▲2012年７月10日に取り組んだ仙台市立東宮城野小５年生の作品

▲白鴎大学足利中学校での特別授業で教える渡辺裕子さんと生徒たち

渡辺さんが「ことばの貯金箱」を道徳の特別公開授業として行った。

体育館に体操着姿の１年生が集まると、堀口智津子校長が生徒と保護者たちにこう呼びかけた。「今日はぜひ楽しんで、可能なら保護者のかたも参加してみてください」。実はその前の週に教員たちが渡辺さんの模擬授業を体験し、「あまりにも楽しくて１時間延長した」ほど夢中になったという。

最初に渡辺さんは「言葉の億万長者は、言葉で人にぬくもり、やさしさ、勇気、安らぎを与えることができるよ。人の気持ちを支えること、励ますこと、幸せにさせることもできるね。そして何より人の心をつなげることができるね」と話しかけ、「足利中学から言葉の億万長者をいっぱーい誕生させてください」と呼びかけた。

数人ずつグループを作った生徒たちは喜々として新聞を広げ、お気に入りの言葉を切り抜いて貯金箱に入れては「チャリーン！」という声を響かせた。続いてワークシートに貼って文章を添えていった。保護者たちも近寄って楽しい雰囲気に包まれた。

授業の終わりには各グループ代表の生徒たちが自分のワークシートを手に発表する時間が用意された。

「どうして心がこんなにじんわり、ほっこりするんだろう」「ひと」「家族」「自分らしい笑顔」……。こんな言葉を貼った女子生徒が「家族に感謝したい気持ちです。ありがとう」と話すと、参観していた母親が感極まって涙するシーンが見られた。

最後に「言葉って、みんなどう思う？」と問いかけた渡辺さんはこう続けた。「言葉は人を傷つけるためにあるのではなく、人を幸せにするためにあるんだと思う。じゃあ私たちは人を幸せにする言葉をどれだけ知っているだろうか。どうか言葉の貯金箱にいっぱい言葉を貯めて、言葉の億万長者になってくださいね」

渡辺さんは「ことばの貯金箱」について、①語彙《ごい》が豊富になる②紙に貼ると言葉に力が生まれる③心の奥にある思いを引き出してくれる④言葉に対する感性が豊かになる⑤言葉を使って、文をつづりたくなる⑥言葉の持つ意味をより深く実感できる⑦いつの間にか、記事に目が止まって読んでしまう――などの効用を挙げ、「さらに広げたい」と話している。

ＮＩＥコラム 法教育とのコラボレーション

「ＮＩＥの目的は民主主義の担い手となる子どもたちを育てること。それは法教育の目指すものと根本的に同じです」。福岡県弁護士会に所属し、法律の意味を考えてもらおうと出前授業に飛び回る春田久美子弁護士は「ＮＩＥと法教育のコラボレーション」を提唱する。

▲春田久美子さん（左）と福岡県立鞍手高校の生徒たち（春田さん提供）

金融機関勤めを経て93年に司法試験に合格した春田さんは裁判官を10年務めて弁護士に転身した。裁判官のとき、模擬裁判を体験した小学生から「検察官と弁護人の言い分はどちらも納得できるから、どうしていいか分からなくなりました」と感想が寄せられた。柔らかな感受性に触れて思った。「人間は立場によって考えが異なる。どう折り合いをつけるか考えることこそ『生きる力』につながる」。それが法教育への目覚めだった。

「ＮＩＥも法教育も全国的な活動。連携すれば普及に弾みがつく」。新しい学習指導要領にも「新聞活用」と「法教育」がともに盛り込まれ、実生活での課題を解決するための能力を育むことでは共通している。春田さんは「あなたならどうする？」と題し、新聞活用を盛り込んだ高校の現代社会、政治・経済、倫理の授業案を作り教育現場に提案している。

実際に２０１２年７月、福岡県直方市の県立鞍手高校で１年生に「『犬税』導入を検討」（同年６月28日付毎日新聞西部朝刊）という短い記事を使って授業をした。

《大阪府泉佐野市の千代松大耕《ひろやす》市長は27日、犬や猫のふんの放置対策の財源として飼い主を対象にした「犬税」（仮称）を導入する検討を始めたことを明らかにした。市議会本会議で「モラル、マナーの向上を市民に求めたい。徹底的に取り締まりと啓発を行っていく」と述べ、改善されない状況が続けば2年後をめどに導入に踏み切る考えを示した。税収はパトロールや清掃作業の費用に充て、具体的な税額は今後検討する》

この記事は事前に配布され、「どうして、犬税を導入しているのか、その背景」「もしも、本格的にこの犬税の導入が決まった場合、賛否両論を含めて、どのような意見が出てくると思うか」「この記事を読んで、あなた自身が思ったこと、考えたこと」――を整理しておくよう求めた。

授業当日。生徒たちは「飼い主の意識を変えられる」（賛成）「マナーのよい飼い主に課税する必要はない」（反対）など意見を交わした。春田さんは「いろんな考えがあっていい。みんな良い意見です」と笑顔で受け止めた。すると生徒は生き生きと発言を続け、「課税以外の解決法はないのか」という議論にまで発展していったという。

福岡県弁護士会は２０１１年４月に全国に先駆けて法教育の出前授業を受け付ける窓口「法教育センター」を開設。小学校から高校まで、業務の合間を縫って学校を訪ね始めた春田さんは、具体的な教育方法などを提案した論文をまとめ、それが11年度の法教育推進協議会賞に選ばれた。

▲ NIE と法教育のコラボを提唱する春田久美子さん

春田さんは「授業の狙いを明確に示し、興味深い記事を素材にする。たとえばＡＫＢ48に絡めて『恋愛禁止ルールは基本的人権を定めた憲法に反しないの？』と問えば、生徒自身が考えを深めていく。ＮＩＥと法教育のコラボは大きな可能性がある」と話す。

大学生が震災記事で授業案づくり

▶信州大学繊維学部

若年世代の新聞離れが指摘されているが、教職志望の大学生は新聞とどう向き合っているのだろうか。信州大学繊維学部の学生たちが2011年度後期の講義「道徳教育の理論と実践」で中学校の授業を想定し、東日本大震災の関連記事を使った指導計画（授業案）づくりに取り組んだ。長野県上田市の繊維学部の教室を訪ねた。

「家族の絆」を考える

2012年１月24日。小教室にセーター姿の男女学生約20人が神妙な面持ちで座っていた。信州大全学教育機構の小山茂喜教授に促され、学生たちが順番に登壇し、パワーポイントを使って自分で作った授業案をスクリーンに映しながらプレゼンテーションしていく授業だ。

「友人の大切さを考える授業にしたいと思います」

同学部２年のＡ君が説明を始めた。授業案の対象は中学２、３年で、授業時間は50分を想定している。「ふだん何気なく接する人たちがいかに大切かを再確認してほしい」。そう考えて資料に選んだのは2012年の毎日新聞別刷り元日特集「家族の絆」に掲載された「震災機に記念式　お互いの大切さ気づいた」という記事だ。

東京都内に暮らす父・母・娘２人の４人家族は震災当日、父が仕事中で、母と娘２人は自宅にいた。地震発生時、父は妻子の安否がとても心配だった。家族の大切さに気づいた夫婦は12回目の結婚記念日に娘２人と祝う「祝縁式」を行い、家族の絆を深めた――という話だ。日常的に接する人の存在のありがたさを改めて確認し、もう一度結び直す「縁」について考えてもらおうと思った。

人間関係を主題としたＡ君はその理由について、「中学生は思春期や反抗期など多感な時期にあり、対人関係を築くための能力を培う必要性を意識した」と説明。毎日顔を合わせ、接することが当たり前の両親や家族、生徒同士、教員と生徒などの関係を見直そうという思いも込めたという。

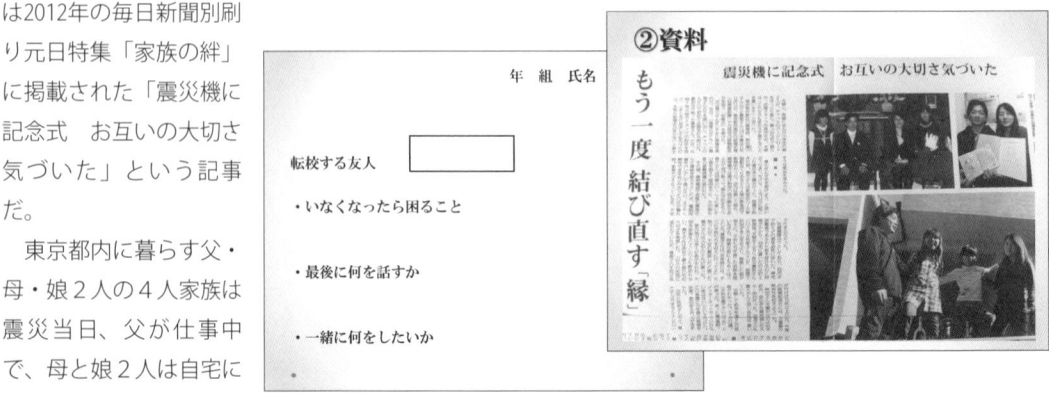

年　組　氏名

転校する友人

・いなくなったら困ること

・最後に何を話すか

・一緒に何をしたいか

②資料

もう一度結び直す「縁」

震災機に記念式　お互いの大切さ気づいた

▲学生の授業案と取り上げた新聞記事（記事は毎日新聞社提供）

友人がいなくなったら

授業の展開はまず「導入」（10分）で配布された記事を読み、「自分の家族はどうか」と生徒が自分に置き換えて自問する。その際、Ａ君は「友人を失った体験を教員自身が語ってはどうだろうか」と考えてみたという。生身の人間として子どもたちに向き合おうという意思がうかがえた。

続く「展開」（20分）で模擬体験を行う。空欄に友人の名を記入して「いなくなったら困ること」「最後に何を話すか」「一緒に何をしたいか」を書き込む１枚のワークシートを配り、班別に話し合って自分の考えを整理する。

「まとめ」（10分）では、ふだん「大切さ」を意識していないことに気づき、相手に対する態度を改めるという流れを想定している。たとえば転校する友人がいなくなったら困ることは何か、最後に何を話すか、一緒に何をしたいかなど、具体的な問いに対し、様々な思いを引き出す狙いだ。

公立小中学校で20年の教員体験がある小山教授は「授業の流れは良いが、選んだ記事は長文なので、導入だけで使うのはもったいない。さらに読みこなして記者の思いを考え、自分の体験とすり合わせるなどさらに工夫できる。また、ワークシートを使うのも有効だ」とアドバイスした。

新聞の投書から「風評被害」問う

同じく２年のＢ君は東日本大震災の「風評被害」をテーマに授業案を作った。

記事は同年１月10日付毎日新聞朝刊の投書コーナー「みんなの広場」に掲載された福島県いわき市の農家の女性の投稿「『福島県の野菜』からの手紙」だ。野菜がこのように擬人化されて書かれている。

「ぼくたちは福島第一原発から40キロほど離れたところで栽培されている野菜です」

そして原発事故以後の苦境を「ぼくたちは悪くない。悪いのは放射能だ！」と訴える。

この記事を読ませた上で、風評被害と放射能を理解し、電力消費など日常生活と絡めて被災地の出来事を自分に引きつけて考えるように工夫したという。

小山教授は「自分たちの生活を見直そうという狙いは悪くない。だが、風評被害か放射能かテーマがどっちつかずになる心配はある」と指摘した。

「風評被害」は２年生のＣさんもテーマに選んだ。資料は2011年９月21日付朝日新聞栃木面の連載「見えない余震」。「不安解消決め手なし」という見出しで「東京電力福島第一原発の事故に伴い、県産農産物の価格下落は続いている。しかし安全をアピールしすぎると、逆に風評被害の拡大につながるのではないかと産地は悩む」と問題提起した記事だ。

「風評という言葉を理解することで、風評被害を減らすことができる」と考えたＣさん。授業は導入で東日本大震災の説明を聞く（10分）ことに始まり、①福島県産の野菜についてどんなことを知っていますか②なぜ規制がかかっていないものまで輸入停止にしているのでしょうか③（班で話し合い）農家の人はどんな気持ちで「安全なんだけどなぁ」と言ったのだろうか④（プリントに記入）風評被害を

「福島県の野菜」からの手紙
農業　矢吹　本子66（福島県いわき市）

ぼくたちは福島第1原発から40キロほど離れたところで栽培されている野菜です。栽培主は野菜自給率90%以上を目指し、何でも栽培しています。そして、知人・友人に配り「おいしい」と喜ばれていました。

ところが、原発事故以後、人様にあげることがパタリと止まりました。ぼくたちはりっぱに育っているのに収穫されないのです。線量とか、シーベルトなどの言葉が報道され、多くの人がぼくたちを怖がっているようです。

でも、友人からの「福島を応援しています。野菜も努めて福島産を購入しています」のお便りには、栽培主はとても喜んでいました。

一方、ある会の人に「幼児も参加するので、食材は福島県からなるべく遠い産地のものを選んで食事づくりをする」と言われたときは、悲しそうでした。でも、子どもの内部被ばくを不安がる親たちへの思いやりなのだと納得していました。

そう、ぼくたちは悪くない。悪いのは放射能だ！

◀▼学生の授業案と新聞の投書

展開①

学習活動	流れ、生徒の反応
1. 放射線とはどのようなものでどれほど危険なのか？（挙げさせ、板書で説明。）	1. 体に悪影響。怖い。 放射線とは・・・光の仲間でありX線などの電磁波、粒子線のこと。
2. 原発事故以来、放射性物質が拡散していることを知っているか？	2.現状について・・・福島、千葉、茨城近隣では軽井沢で高い放射線量。
3. 風評被害に触れ、理解させる。（説明）	3.原発近隣の地域で健康に問題ないと判断された、作物であっても根拠のない噂により被害を受けること。

設定理由

東日本大震災は大きくニュースでとりあげられた。復興は進んできているが、風評というのは、完全になくなるのには時間がかかる。
風評という言葉を理解することで、風評による被害を減らすことができると考えたから。

展開

(導入)東日本大震災の説明を聞く	10分
発問①:福島県産の野菜についてどんなことを知っていますか?	3分
東北の現状を知る	2分
資料の表を見る	5分
発問②:なぜ規制がかかっていないものまで輸入停止にしているのでしょうか。	5分
資料の文章部分を範読するのを聞く	3分
発問③:(班で話し合い)農家の人はどんな気持ちで「安全なんだけどなぁ」といったのだろうか。	10分
風評被害という言葉の意味を理解する	2分
発問④:(プリントに記入)風評被害をなくすにはどうしたらよいでしょうか?	10分
(終末)感想	

▲学生の授業案「風評被害」と取り上げた新聞記事（朝日新聞栃木全県版朝刊2011年９月21日付）

なくすためにはどうしたらようでしょうか？――の発問を設けた。

具体的には客の減少を嘆くナシ園経営者や農協の担当者の言葉が載った記事を読んで発問③を行う展開だ。これについて小山教授は「中学生にはレベルが高いのではないか。中３になれば食べ物を扱う家庭科や地理など複合的に関連づけて展開できるかもしれない。『安全なんだけどなぁ』という言葉だけで１回の授業になるくらい。自分たちでまとめてみる、という方法で展開していっても悪くはない。これは情報リテラシーで扱ってもいい。学習指導要領に示されているように、道徳は学校教育全体を通して行うもので、道徳の時間は要なので、教科学習をうまく連動させることが重要」とアドバイスした。

「見る」から「読む」へ変わる学生

この講義「道徳教育の理論と実践」は半期で15回（１回90分）の授業があり、新聞を使った授業案作成には２回、発表は全員できるよう３回のコマを当て、計５回の授業で行った。小山教授は「大学は新聞を読む環境が弱い。このため前期の教育方法などの講座で毎週、新聞記事のスクラップと教材化の視点づくりを行うよう指導し、学生たちが年間通して新聞に関わるよう工夫している」と説明した。

授業案を作った学生たちは「問題意識をもって新聞を読むと、自分の考えが試されているように思えた」などと話していた。

さらに半年後、小山教授は東京で開かれたNIEセミナーのパネルディスカッションで「大学生は自分で新聞をとる習慣がない。有権者意識も低い。だが、新聞を読むことで市民としての社会参加意識が育っていくと思う」と新聞活用の意義を強調した。

信州大学では長野県内の５カ所のキャンパスに教育学部（長野市内）など８学部が点在しており、繊維学部は明治時代の蚕糸専門学校がルーツだ。1995年、一般教養を担う教養部を廃止した信州大は現在、全学教育機構（松本市）が全学部に１年次（医学部以外）の共通教育を行うほか、教育学部以外で教職課程を持つ５学部（人文、理、工、農、繊維）の教職志望者には、担当教官が各部で講座を設けて教職教育を行っている。

長野市教委で指導主事をしていた小山教授は「教職課程及び指導法に関する科目」を担当し、実践的な新聞活用法を指導している。授業案作成の授業を通してこう指摘する。「学生は日常の話題から授業を作らないと生徒に伝わらない、ということを体験的に学んだ。多くの学生は新聞を『見る』のではなく『読む』ようになった。ただ、学びに生かしているかというと、まだまだです」。教職志望の学生たちが「新聞を読まない先生たち」の予備軍にならないよう期待したい。

NIEコラム

新聞の似顔絵から

新聞には政治家の似顔絵が登場する。「生徒たちが政治に関心を持つきっかけになるのではないか」。それを描き始めて二十年になる「似顔絵いらすとれーたー」の本間康司さんがユニークな似顔絵学習法を提案する。喜怒哀楽の表情を浮かべる政治家の心境を想像し、その人に成り代わってコメントを考えるのだ。

本間さんは小学生のころから三木武夫、田中角栄、大平正芳、福田赳夫といった政治家の面々の似顔絵を描いていた。総理のいすをめぐり「三角大福」がしのぎを削る時代で、それぞれ描きがいのある個性的な顔ぶれだった。

やがて似顔絵を描くことが生業となり、1993年の細川護熙内閣の時代から国内外の3000人を超える似顔絵を描いてきた。特に組閣の時は、閣僚候補者の似顔絵を多めに用意するなど大忙しだ。また政局の動向や世論調査の支持率の高低により、同じ人でも怒ったり笑ったりと、様々な表情を用意する必要があり、男性が白髪を染めたり、女性が髪型を変えた場合は修正におおわらわだ。

本間さんの著書には伊藤博文・初代総理から歴代総理のプロフィール、各政権の特徴や出来事、語録集をまとめた似顔絵集「覚えておきたい総理の顔」(清水書院)がある。就任時の年齢、出身県などデータ集がついていて、政治記者たちも「資料として非常に役に立つ」と太鼓判を押す。これをもとに、本間さんは2012年11月、毎日新聞主催の教師向けNIEセミナー「新聞活用実践教室」でワークショップを行った。

鳩山由紀夫、麻生太郎、小泉純一郎など元総理のイラストに「吹き出し」をつけたペーパーを用意し「ふさわしいコメントを書いてください」と呼びかけた。受講者は、その顔の表情から名言、失言も含め様々な「一言」を思い出し、たとえば小泉さんの吹き出しには「感動した」「人生いろいろ」「プレスリー最高」などと書き込んだ。

参加した小学校校長は「政治を子どもたちに身近な存在にするために興味深い実践で、授業に十分使えます」と評価した。視覚に訴え、子どもたちの学習意欲を高める教材として報道写真に言及する教師が多いが、「1枚の似顔絵」に込められた深いメッセージにも注目したい。似顔絵を通して親子で政治を話題にすれば、ファミリーフォーカスの側面からも可能性は広がるはずだ。共同通信を通して全国の地方紙に掲載される本間さんの「似顔絵」を高校や大学でも使ってみてはどうだろうか。

若者世代の政治離れは深刻な問題だ。2012年12月の衆院選挙での20代の投票率は37・89％で、団塊世代を含む60代(74・93％)など年長世代と比べたら著しく低い。田中角栄さんが総理大臣だった40年前(1972年12月)の衆院選では、当時20代(現在60代)の投票率は各年代で最低ながら61・89％もあったのだ。

「政治家は〝大票田〟の年配者を相手にする」と言われるが、このデータを見ればそれもうなずける。だが社会保障や就職などに苦しむ20代こそ政治を通して社会に影響力を行使しなければいけない。「政治家の似顔絵」との出会いをその第一歩にしてほしい。

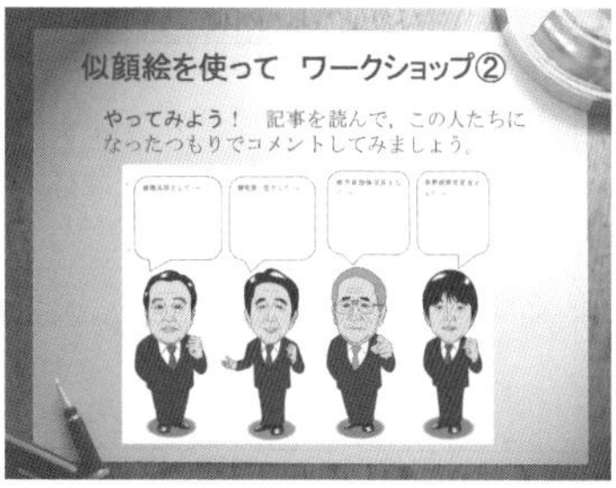

▲政治家のイラストに吹き出しをつけたワークシート

ファミリーフォーカス

▶いっしょに読もう！新聞コンクール

興味を持った新聞記事について家族や友人らの感想を聞き、意見をまとめて応募するコンクールがある。日本新聞協会が NIE（教育に新聞を）活動を盛り上げようと、小学生から高校生までを主対象に、2010年から始めた「いっしょに読もう！新聞コンクール」だ。家族で新聞を読み、意見を出し合うファミリーフォーカス（家庭における新聞活用）という NIE 活動が注目されるなか、応募者の素顔に接してみると、家族、友人との豊かなコミュニケーションの様子がうかがえた。

義足ランナーの出場の是非

第３回コンクール（2012年）で小学生部門の最優秀賞を受賞したのは新潟市立上所《かみところ》小６年（当時）の手代木慶さん。毎日新聞の読み物企画「S（ストーリー）」の記事「ピストリウス義足の挑戦」（2012年８月４日付朝刊）を取り上げた。その年のロンドン五輪で両足義足の五輪ランナーとして注目を集めた南アフリカのピストリウス選手を追った長文の記事だ。後に衝撃的な殺人事件で渦中の人物となり、その数奇な運命が注目されているが、慶さんが応募した時点では「英雄」としてスポットライトを浴びる存在だった。

このコンクールは年々応募が増え、第３回は２万5864点の応募があった。横浜市中区の日本新聞博物館で年末に行われる表彰式には小・中・高校の各部門最優秀賞や審査員特別賞の受賞者と記事を書いた記者が招かれ対談する。受賞者にとって感激の場面であるのはもちろんだが、記事を書いた側も口をそろえて「記者冥利に尽きます」と感激しながら会場に駆けつける。

執筆記者と対面

2012年12月15日の表彰式。慶さんは、あのピストリウス選手の記事を執筆した運動部の井沢真記者と登壇した。対面の際、慶さんは井沢記者に「お会いできて光栄です」とあいさつし、その堂々とした姿に会場から「しっかりしているなあ」と驚きの声が上がった。

対談ではまず井沢記者がこの記事を書いた理由について「オリンピックに初めて義足の選手が出るという歴史的な第一歩の意味があり、義足の性能やフェアプレーとは何かを考えてもらいたかったのです」と説明し、「読んでどのような感想を持ちましたか？」と続けた。慶さんは「私は（出場に）賛成派だったので、ピストリウス選手に頑張ってほしいと思って読んでみたら、私の考え方とは違う見方もあった」と応じ、出場に賛否両論があることを知り、家族と話し合おうと思ったことを伝えた。その受け応えは、記事を「読み取る力」が確かなものであることを感じさせる。

義足の選手の五輪出場に慶さんが関心を抱いたのは、自身が陸上の練習で速く走る難しさを日々感じ

▲手代木さん一家と井沢記者（右）＝横浜市の日本新聞博物館で

ていたことも無縁ではない。慶さんは記事にあった、「義足を体の一部として使いこなすことは非常に難しい」と指摘する専門家の声や、ピストリウス選手自身の「厳しい訓練が必要」とするコメントを踏まえ、初めに「義足の選手であってもオリンピックに出場してもよいと思う」と書いた。

ひとつの記事に多様な意見

次に家族に聞いてみた。祖父は「誰もが認められるわけではない。規定に沿った義足と良い記録がなければ出場はできない」としつつ「出場は問題ない」と話した。一方、父は「優れた義足が開発されると、義足の力で金メダルを取れる選手が現れるかもしれない。競技に使用する物で記録が左右されてはいけないのではないか」と異なる見解を示した。

「人によって意見が全く違うのだ」。慶さんは驚き、考え込んだ。「義足だから参加できないのはオリンピック憲章に反する。でも一方でフェアプレーの精神との兼ね合いはどうか……」

偶然にも慶さんは五輪スポンサーのマクドナルドの企画で、なんとロンドン五輪を現地で取材する機会に恵まれた。大観衆の五輪スタジアムでピストリウス選手の力走を目の前で見て、言葉も国も違う人たちが感情を共有し、その中で走る姿に圧倒され、「ただただ感動した」という。その体験から「そんな選手の努力を考えると、選手たちが納得できるルールをきちんと作ることこそが、今大切なのではないか」と提案した。

この応募作は「異なる評価を紹介した記事を選んだ手代木さんの着眼点、祖父、父の考えの相違を聞き取りながら、自分なりに考えようとしている探究心、オリンピック憲章の規定の適用によっては異なる評価も成り立ち得ると調べた考察力、ピストリウス選手の努力と苦悩を受け止める共感力や想像力、そして提案としてまとめる構想力など、どれをとっても優れている」と高く評価され、小学生の応募作計4269編の最優秀に選ばれた。

実は被災者だった

実は慶さんは新潟に生まれ育ったわけではない。再び表彰式の対談の場面に戻ろう。井沢記者が「将来の夢とか目標はありますか？」と尋ねると、手代木さんは「ジャーナリストになりたい。具体的にはアナウンサーです」と即答した。井沢記者が「それは何か伝える仕事をしたいということですか？」と聞いたところ、慶さんは意外な体験を打ち明け、しっかりとした口調でこう言った。

「ちょっと重い話になりますが、私は東日本大震災に遭い、原発事故のために家族バラバラの生活を強いられてしまいました。原発事故ではいろいろなことが隠され、後になってわかることがあり、すごく腹立たしかったので、自分の手で真実を伝えたいという思いが強くなり、アナウンサーという目標があります」

慶さん一家は３・11のとき、福島県いわき市で暮らしていた。福島第一原発事故の影響で慶さんは母、妹と３人で母の実家がある新潟市に避難し、現地に残る小学校教諭の父とは離れて生活しているのだ。それでも勉強に、スポーツに、作文にと懸命にチャレンジする姿に、井沢記者は「すごいですね」と感心しつつ、「僕らの記事を読んでいただいて、ご家族で話し合いをしているというのは家族の仲の良さが伝わってきます。ここまで考えていただけるのは記者としてはすごくうれしい」と感激の様子だった。

衝撃的な“続編”

そして慶さんや私たち新聞記者にも想定外の「続編」が待っていた。2013年２月14日、あのピストリウス選手が自宅で恋人を銃で射殺した容疑で逮捕されたという報道があったのだ。手代木さん一家と横浜の表彰式で知り合った私は慶さんがどんなにショックを受けたことだろうと思い、母織江さんにメールした。

数日後、慶さんから返事があった。

「夕方インターネットの速報でニュースを知り、思わず、大声で母に知らせました。とてもショックでした」「彼の今までの努力と実績は本物だったはず……。そうは思いながらも、彼が今後、裁判でどんな発言をするのか、とても気になります」「人生何が起こるかわからないことを、私自身体験しました。それをマイナスにするかプラスにするかは、自分自身なのですね。おっちょこちょいな私は、どんなときも冷静に判断し、行動できるようにならなければということを考えさせられました」

慶さんが小学校卒業後の春休み、私は新潟を訪ね、新潟大学の付属中学校へ進む慶さんと母織江さん、妹で小学校に入学する幸さんと会った。慶さんが３歳のころから東日本大震災が起こるまで、一家は「青春18きっぷ」を使って北海道から九州まで全都道府県を訪ねる鈍行列車の旅を続けており、「各駅停車はひまなので家族でたくさん話をする機会がありました」と振り返った。なるほど、日ごろから豊かなコミュニケーションがあるからこそ家族ぐるみで新聞を読む生活が成り立つのだと納得した。今も父は毎週末、福島から新潟へマイカーで往復し続け、一家団らんの時間を確保しているという。

「おばあちゃんが私に読ませたい記事に印をつけ、それを母が切り抜いてくれて、今は社説や新聞小説も読んでいます」。そう話す慶さんに、恋人射殺の疑いで容疑者となったピストリウス選手について「これから内外メディアが様々な報道をするだろうね」と話したところ、慶さんは「これからは英語も含め多くの報道に触れ、いろんな考え方や見方があることを学びたいと思います」と冷静に話してくれた。

毎日新聞　2012年(平成24年)8月4日(土)　スポーツ　32

2012　ロンドン五輪

ピストリウス義足の挑戦

Sストーリー　FROM LONDON

賛否渦巻く陸上1600リレー出場

「名声はいらない」

ボルト選手ってどれくらい速いの？

都電追い抜く最高速度44.46キロ

今夜から未明の主な競技

主なテレビ放送スケジュール

テレビ欄は29面　ラジオ欄は28面に掲載

「毎日AR」で動画提供

▲「ピストリウス義足の挑戦」の記事（毎日新聞東京本社版朝刊2012年８月４日付）（毎日新聞社提供）

▲日本新聞博物館で新聞づくりを試みる手代木慶さん、幸さんの姉妹

■記事の概要

障害のある競技者が世界最高峰を目指す崇高な挑戦なのか、精巧な用具の「助力」を得て健常者の選手に挑む試みなのか――。ロンドン五輪の陸上競技に両脚が義足の短距離走者、オスカー・ピストリウス選手（南アフリカ）が出場する。規則に抵触すると判断した国際陸上競技連盟の決定をスポーツ仲裁裁判所が覆すという賛否両論の様相を帯び、スポンサー契約を結ぶ義足メーカーの思惑も絡む。「厳しい訓練」を積んで登場する五輪史上初の義足ランナーに焦点を当てた。

最優秀賞

小学生部門

新潟市立上所小学校 6年 手代木　慶（てしろぎ・けい）さん

意見を聞いた人	祖父、父
用いた記事	ピストリウス義足の挑戦 （毎日新聞 2012年8月4日付朝刊）
受賞理由	この受賞作の評価点は、第一にピストリウス選手が投げかけた問題について、記事にある評価の相違を深く読み取り、また、祖父と父の意見の違いをしっかりと聞き取り、いかに考えたらよいのか自分なりに調べ、考察を深めていることである。第二に、選手の悩みも視野に入れて、自己の考えを提言している点である。この２点が、きわめて優れていると、全審査委員によって高く評価された。 そこには、この問題について異なる評価を紹介した記事を選んだ手代木さんの着眼点、祖父・父の考えの相違を聞き取りながら、自分なりに考えようとしている探究心、オリンピック憲章の規定の適用によっては異なる評価も成り立ち得ると調べた考察力、ピストリウス選手の努力と苦悩を受け止める共感力や想像力、そして提案としてまとめる構想力など、どれをとっても優れていることが、如実に示されている。

新潟市立上所小学校 6年 手代木　慶（てしろぎ・けい）さん

意見を聞いた人：祖父、父

(1)この記事を選んだ理由を書いてください

義足の選手がパラリンピックではなく、オリンピックに出場できることを知り、とても驚いた。しかし、この記事には問題点も書かれていた。私は、義足の選手のオリンピック参加について家族と話し合いたいと思ったのでこの記事を選んだ。

(2)記事を読んで思ったこと、考えたことを書いてください

記事に「義足を体の一部として使いこなすことは非常に難しい。」と専門家が述べている。ピストリウス選手も「厳しい訓練」が必要とコメントしている。私も陸上の練習をしているので、速く走ることの難しさや努力の大変さがよくわかる。走ることへの努力は同じなので、参加できるなら義足の選手であってもオリンピックに出場してもよいと思う。

(3)家族や友だちなどにも記事を読んでもらい、その人の意見を聞きとって書いてください

祖父：誰もが認められるわけではない。規定の義足と記録がなければ出場はできない。スポーツ仲裁裁判所での法律にきちんと基づいた決定なので、何の問題もない。

父：優れた義足が開発され、義足の力で金メダルの選手が現れるかもしれない。競技に使用する物で記録が左右されてはいけない。

(4)話し合った後のあなたの意見や提案・提言を書いてください

人によって、意見が全く違うのに驚いた。私は「オリンピック憲章」というものを調べてみた。「いかなる差別をも伴うことなく」「スポーツの実践はひとつの人権」とある。このことから、義足の選手だからといって、オリンピックに参加できないというのは憲章に反すると思うが、一方で「フェアプレーの精神」ともある。パラリンピック200メートル決勝で二位になったピストリウス選手自身が「優勝者の義足は長すぎる。」と発言した。改めてとても難しい問題なのだと思った。私は実際にオリンピックスタジアムに行って、ピストリウス選手の力走を見て、ただ感動した。そんな選手の努力を考えると、選手たちが納得できるルールをきちんと作ることこそが、今大切なのではないかと考える。

▲手代木慶さんの最優秀賞受賞作（日本新聞協会のホームページより）

活発化する教員の自主的勉強会

▶大分県 NIE 実践研究会

※大分合同新聞提供

「もともと私は人前で話をしたり、会を組織したり運営するのは苦手なんですが、今までの私のようにそれぞれ NIE で頑張っていらっしゃる先生がたをなんとかつないで広げていきたいと思って取り組んでいます」

2013年 5 月25日、大分合同新聞社（大分市）で開かれた九州ブロック NIE アドバイザー会議で、教員の自主組織「大分県 NIE 実践研究会」の成り立ちについて、大分県教育庁大分教育事務所の指導主事でもある NIE アドバイザーの佐藤由美子さんが「点から面へ」と題して報告した。以下にその内容をまとめてみた。

「いいことだから」

「私はもともと中学校国語の教員で、国語科を中心に総合的な学習の時間などで個人的に細々と NIE に取り組んできました」。こう自己紹介した佐藤さんは28年間の現場体験を経て教育行政に携わる。

大分県では2010年に NIE 推進協議会が設立された。全国的には遅い発足だ。その時に NIE 実践指定校となった県立大分豊府中学校（中高一貫校）で教務主任をしていたのが佐藤さんだった。さっそく秋に同中で第 1 回大分県 NIE セミナーが開催され、新聞活用の実践者として NIE アドバイザーに推薦された佐藤さんは「少しずつ勤務先で NIE を広めていこうと思って引き受けました」と振り返る。

ところが翌2011年、「教育行政に入ることなどまったく想像もしていなかった」はずが大分教育事務所の指導主事となった。「この立場で NIE にどう取り組めるのか」と戸惑うなか、2 カ月後に福岡で開かれた九州ブロック NIE アドバイザー会議で、熊本などに教師たちの NIE の自主研究組織があることを知り、「大分でもこうした組織があったらいいなあ。だれか作ってくれないかなあ」と思い始めた。

事態が動いたのは翌年の2012年 5 月。「大分でも自主研究組織を作りましょう。佐藤先生が中心になって作ってくださいね」。長崎で開かれた九州ブロック NIE アドバイザー会議にともに参加した大分県 NIE 推進協議会事務局長の白倉純・大分合同新聞社現 NIE 推進室長から佐藤さんは言われ、「点で行われている NIE を面にするのが私の役割かもしれない」と覚悟を決めた。「来年春にも」と思っていると、あっという間に翌月の推進協議会で「設置」が承認され、9 月に発足することになった。

「いいことだから、どんどんやりなさい」。現場で上司だった県教育庁の義務教育課長からも背中を押された。だが、県内各地の小中高校で行われている個々の実践をつなげることの壁は想像以上に高い。校種、市町村、所管……。それら様々な違いや複雑な事情を乗り越え、小中高校の教員が一堂に会して勉強会をするにはハブ（中継）の役目が必要だ。その点、県の指導主事の佐藤さんは適役で、中高一貫校に在籍したことで顔見知りが多い利点もあった。

「友だちの友だちは友だち！」

佐藤さんは「友だちの友だちは友だち！」の姿勢で実践研究会の運営を引っ張る。「各校の先生方がどのような実践をしているのか、実践者になってもらえそうか」。県内各地の先生や教育委員会の「あらゆる知り合い」を取り込み、点を面にしていく戦略だ。

佐藤さんが所属する大分教育事務所は大分市を含む４市を管轄し、県内の学校の３割、教職員の５割を抱える。「それだけ出会いのチャンスがあった」と分析する。

実践研究会の事務局は、佐藤さんら３人の教育行政関係者、５人の小中高教諭で組織。毎月第２土曜の午後２時から４時に固定して開催し、公立市立の小中高校の教諭が毎回十数人参加する。第１回研究会（2012年９月）は日本新聞協会の吉成勝好・NIEコーディネーターを招いて記念講演を催し、以後毎回、現場教師の実践報告や各新聞社からの報告も行う。研究会で小中高の先生たちが顔を合わせ、互いの実践内容を知る機会は貴重だ。

毎回、十数人の参加者が見込めるようになったが、佐藤さんは当初、「何人集まるか不安」だった。出張扱いではなく、あくまでも自主参加で、当日まで参加者は不明だからだ。「３人ぐらいでもいいからやろう」と始めたものの、胃が痛くなることもあったという。事務局のメンバーや実践指定校の教師が報告を担当してきたが、ネタが尽きてきたとい

▲吉成勝好・日本新聞協会 NIE コーディネーター（右）が記念講演した大分県 NIE 実践研究会の第1回研究会（大分合同新聞提供）

▲大分県 NIE 実践研究会について報告する佐藤由美子指導主事＝九州ブロック NIE アドバイザー会議で2013年5月25日

い、「『友だちの友だちは友だち！』の精神でツテをたどって“隠れ NIE 実践者”の発掘に努めたい」と朗らかに語る。

教育行政の立場から

このような教員の自主研究会について、佐藤さんはキーワードを「自信と責任」とした。「子どもたちに力をつけてあげたいと、これまで多くの先生が一生懸命取り組んできた NIE の実践を広げるためにやっている。NIE は他の教科と違って、学校の教育活動として本当に妥当なものか確かめるすべがなかなかない。でも学校教育で行われるからには教科・領域の目標を達成しなければならない。『好きで集まっている人たちが好きなことを趣味でやってるんでしょ？』と思われてしまってはいけない。実践をされている先生がたが自信をもって良いことをしているのに、何か悪いことをしているような気持ちになってはいけない。そこをきちんと押さえたい」と力説する。

NIE 実践者の先生がしばしば口にするのは「勤務先の学校の管理職に報道機関へのアレルギーがあるため、NIE を冷ややかに見られ、自分が何か悪いことをしているような気持ちで実践をしてきた」という嘆きだ。佐藤さんは「それは無理解から生まれている。この研究会を、個々の実践を確かなものにしていく場にしたい。そこに指導主事がいることは大

▲新聞を活用した教材作りのワークショップ（大分合同新聞提供）

きな力だし、責任もあると思う。私は学校の先生がたの代表として、推進協議会や新聞社、県や市町村の教育委員会に積極的に物を言って関わって、正しいことを堂々とできる環境づくりに努めたい」と意欲を示す。

大分県 NIE 推進協議会は６月の総会で、「NIE 実践研究会を推進協議会のワーキンググループとして置く」ことを規約に明文化。NIE の実践は現場で一段とやりやすくなるはずだ。

日本新聞協会が2013年度から開始した５カ年計画で、「教育界主体の NIE」を支援する方針を打ち出したのも、教育委員会や各学校の管理職を巻き込んで、「点」から「面」への広がりを強く後押ししようという姿勢を表すものだ。大分県 NIE 実践研究会のような教員の自主的勉強会はその強力なエンジンとして機能するだろう。

毎週45分の NIE タイム

大分県随一の「教育のまち」として知られる豊後高田市の市立高田中学校（早田義司郎校長）を訪ねた。玄関を入ってすぐ、職員室前の廊下に並ぶ学習机が目に入る。放課後に先生の指導を受ける「学力アップコーナー」だ。生徒の成績を上げようという熱意が伝わるが、それと同時に全校あげて取り組む NIE 実践校としても注目されている。

「本校の校長だった河野潔教育長と５年前、東京都内の中学校で新聞活用授業を視察し、本市でも取り入れたいと思いました」。そう話す早田校長は2010年の赴任当初から、生徒が新聞に触れられる「NIE コーナー」を廊下に設け、翌11年度から２カ年の NIE 実践校として名乗りを上げた。

12年度には県内で初めて、６時限（各50分）授業を７時限（各45分）に組み直し、１～６時限の前に「ウォーミングタイム」と称した新たな授業時間を設定した。その時間は教科にも使うが、毎週木曜に「NIE タイム」（年間35週）を設定し、新聞記事を使ったプリント学習に取り組むなど日常的に新聞に触れる実践に当てている。毎週45分間を使うのは全国的にも珍しい試みだ。

13年度は全学年で「自分の考えをまとめ、深めよう」（コラムの視写と記事の読み取り）と、「学級新聞づくり」に取り組むことにし、１年は「いろいろな出来事（新聞記事）に関する自分の考え（意見）を書き慣れる」、２、３年は「新聞記事に対しての、自分の考え（意見）を持つとともに、新聞への投書などで交流する」とそれぞれ目標を掲げた。

ちょうどその授業が行われたので早田校長、09年に赴任して間もなく NIE に取り組んできた国語科の安東浩子教諭とともに１年（５学級）、２、３年（各

▲廊下の NIE コーナーを見る早田義司郎校長と安東浩子教諭＝豊後高田市立高田中学校で2013年5月24日

３学級）の全教室を回った。どのクラスも静かに筆記する生徒の姿があった。

生徒が向き合うプリント（B4）は教師たちの手作りだ。片面に毎日新聞大分面の５月12日付記事「県警が『交通非常事態宣言』」を印刷。歩行者の交通事故死者数が急増している実態を報じたもので、大きい見出しを空欄にしてある。その横に「この記事では、何が急増していると書いていますか。タイトルの空欄にもそのことばが入ります」「今年の歩行者の死亡の原因の中で、一番多かったのは、何ですか」「この記事を読んで、あなたが考える交通安全についての意見を書きなさい」などの設問がある。反対の面には大分合同新聞のコラム「東西南北」と原稿用紙をコピーし、「視写しよう」と書いている。

学年に応じてペースが違うので、書き残した生徒は後で書き込むように指導しているという。プリントには各教員が目を通し、アドバイスを赤い字で書き込んで返却している。

安東教諭は大分県 NIE 実践研究会が発足した12年９月８日の第１回研究会でトップバッターとして高田中の実践を報告した教師歴二十数年のベテランで、生徒たちの「知らない出来事を見ることができた」「家でも新聞に出ていたことが話題にできた」などの反応から「問題を読み取る力や書く力が着実に身についている」と実感するという。

豊後高田市では昭和30年代の雰囲気を残す商店街「昭和の町」が中高年の観光客を呼び込んでいる。「生徒たちが商店主たちにインタビューしてタウン誌のような新聞を作ったらおもしろいですね」。安東教諭とそんな話をしながら高田市を後にした。

▲コラムの視写に取り組む高田中の生徒

▲廊下の NIE コーナーで新聞を手にする高田中の生徒たち

NIE アドバイザーは、NIE を実践しようとする教員に助言したり、学校での活動をサポートするエキスパートで、各都道府県 NIE 推進協議会の推薦で日本新聞協会が認定する制度だ。全国に158人（2013年７月現在）いるうち11％が教育委員会の指導主事など教育行政の部署に所属し、22％が校長や副校長など学校管理職（元職含む）に就いており、３年前（教育行政７％、学校管理職16％）と比べ割合は増えている。その背景には、各学校段階で実施された新学習指導要領に新聞活用が明確に位置づけられたことがあり、かつて「変わった人」と見られがちだった NIE 実践者への対応の変わりようがうかがえる。これを象徴するケースが、昨年９月に誕生し、毎月定期的に会合を重ねてきた「大分県 NIE 実践研究会」の取り組みだ。

情報 編

- 初心者にアドバイス
- 若手実践教師へのアンケートと回答
- 吉成勝好さんに聞く
- NIE アドバイザー一覧
- 教育に新聞を －あとがきにかえて－
- 参考にした主な文献・情報サイト・組織

初心者にアドバイス

「NIEって難しそう。いったい何から手をつけたらいいの？」
「毎日違う出来事が載っている新聞をどうやって教材に？」――。

NIEが子どもたちの言語能力の育成に効果的との報告が伝わるものの、教育現場には依然こうした不安の声が聞かれる。特に若手教師にはハードルが高いようだ。そこで、すでに実践して手応えを感じている若手や中堅の教師たちから、NIEをうまくできるコツやヒントを探ってみた。

実生活とつながる

「子どもたちの身近なことや興味、関心のある記事から入っていくと、自分たちの勉強と社会の出来事がどんどんつながっていきます。生活や社会に関連するということが楽しくておもしろい。スクラップや新聞づくりも実社会とつながるから子どもたちは実感を持てるのです」

東京都小学校新聞教育研究会の事務局長を務める堀口友紀・墨田区立小梅小学校教諭の熱のこもった声が響いた。2013年6月8日、都内で開かれた教職員向けのセミナー「新聞活用実践教室」（毎日新聞社など主催）。パワーポイントの冒頭に映し出されたタイトルは「気軽にスタートNIE」だ。

教職11年目。学校新聞づくりやスクラップなどのNIE活動を新任のころから続けてきた堀口さんは自身の体験をもとに、初心者へのアドバイスを丁寧に説明。会場に配布したレジュメの中には学校新聞や学級新聞の手ほどきなど東京都小学校新聞教育研究会メンバー考案の使い勝手が良さそうなマニュアルも含まれていた（88～89ページ参照）。

「新聞活用実践教室」で報告する堀口友紀教諭＝2013年6月8日、東京都千代田区の毎日ホールで

会場で耳を傾けていた今野拓洋教諭らNIE実践に取り組む東京都北区立東十条小学校の若手教師に感想を聞いたところ、こんな意見が寄せられた。

「子どもたちは新聞に触れることで確実に変わった。知らず知らずに読む力が身につき、長い文章を書くことが苦にならなくなった。新聞に載っている話題について、家庭で親と話し合うことで、社会への理解を深めていると感じる」

苦労は報われる

長野県松川村の村立松川中学校で2011年度に地元を紹介する「松川新聞」づくりを指導した宮澤美帆子教諭はまったくの手探り状態で始め、「できあがるのだろうか」「うまく生徒に指導できるだろうか」「生徒がやる気になるだろうか」という不安ばかり感じたという。さらに「新聞づくりで楽しかったのは取材まで。その後は生徒も教師も苦しみの連続だった」と打ち明ける。

だが、苦労に値するだけの成果に報われた。「思うように作業が進まない、自分の伝えたいことがうまく伝わらない、途中で投げ出したくなる……。こうしたことばかりでしたが、できあがった時の感動は大きかった。村の人や取材先の人に喜んでいただき、生徒たちは自分たちがやり遂げたことのすごさに気付いたのです」

さらに、「新聞を作ることが目的ではなく、生徒が他人に目を向け、地域と関わりながら何かをすることに意味がある」と実感したそうで、新聞づくりを通して社会性やコミュニケーション能力を身につけるなど幅広い効果があることを強調する。

新聞社に相談しよう

いざNIEを始めようという時に教師の心によぎるものは――。自身のNIE実践を精力的に発信している奈良女子大付属中等教育学校の二田貴広教諭は「始める前は新聞を使うことが果たして『学力』を向上させるだろうかという不安感、使わなかった場合と比べて学力が下がるか期待したようには上がらないのではないか、という不安感があった」と振り返る。

最初の実践で、「病院をたらい回しにされた妊婦」や「アルバイト先の店長に急に解雇を告げられ一人で団交を始めた少女」の記事について感想を書かせたが、「失敗だった」。

その理由は、感想の内容が記事に取り上げられた人への同情や共感に限定されたからで、その時に「もっと多面的な見方を生徒たちにさせなければならない。その出来事に関する知識や情報が必要。また一紙だけでなく複数紙の比較読みも有効」と痛感したという。

実践を試みて、「新聞社に相談することを勧めたい」と話す。支局長や記者に「こんな授業をしたいから記事やコラムはないですか ?」と尋ねたり、取材体験を話すよう依頼したところ、好意的な反応があった。記者の出前授業を受けた生徒からは、「先生、新聞って当たり前ですけど生身の人間が取材して、いろいろ考えたり悩んだりして書いた記事でできてるんですね。もっとよく読んでみようと思いました」という感想があった。

また、「NIE 関連の大会やセミナーで他校の先生のワークショップや実践報告を聞くことも大変有意義で励みになりますよ」とアドバイスする。

先生の独自性で楽しく

東日本大震災の発生を受け、災害の記述が多い鴨長明の「方丈記」という京都にちなんだ素材を新聞づくりに生かして注目された京都学園中学高校の伊吹侑希子教諭は「最初の新聞づくりは思ったような作品が提出されず悩んだ」という。それでも、「次年度は反省を生かして、生徒も教員も楽しめるような作品づくりをしようと提案したところ、想像以上にうまくいった。新聞づくりでは、生徒にユーモア性を求めると、競うように完成度の高いものを提出してくれた。見本にずば抜けて良くできた作品を提示すると、自分の仲間たちがこれだけクオリティの高いものを作っているのだと刺激になったようだ」と振り返る。

また、扱う新聞は偏らないよう多くの新聞社の記事を使うよう努めている。それは「一つの事実を各紙がどのように報じているか、見比べることもメディアリテラシーの養成につながると思うから」だという。

「初心者のために」と自己の体験から、「NIE は先生次第でどんな授業にも調理できる。先生の独自性が大いに反映されるので、楽しく授業ができると思います」と力強く語る。

ちなみに、伊吹教諭が試みた 2009 年度以降の実践を列挙しよう。

2009 年度 =「あなたはすご腕相談員」。読売新聞の「人生相談」の回答を隠して生徒に悩みの解決を考えさせた。高 1 生に学校の悩みを書いてもらい、高 3 生が悩みに答えるという「学園版人生相談」を試みると好評だった。

2010 年度 =1950 年から 2010 年まで 10 年おきに同じ日付の新聞テレビ欄を比較し、番組構成の移り変わりを検討。中国、アメリカ、イギリス、タイなど 7 カ国の新聞で比較。クラスの生徒同士がインタビューし、人物紹介記事を書かせた。

2011 年度 =「方丈記」をもとに新聞作成。

2012 年度 =「平家物語」をもとに新聞作成。

2013 年度 =「大鏡」の菅原道真の左遷について新聞作成し、学校近くの北野天満宮の由来について認識。時事問題に関心を持ち、小論文が書けるよう朝日新聞の「社説ノート」を実践。

ベテラン教師から

NIE 実践のベテランで日本 NIE 学会副会長の植田恭子・大阪市立昭和中学校教諭は NIE 初心者に向けて「まず一番は、日々の業務をしっかりこなしていくこと」と指摘する。「教育活動はチームプレーだから、みんなで協力すること、俯瞰

NIE の授業をする植田恭子教諭

的、巨視的であることが重要」と、教師としての心構えを示した上でこう続ける。

「新聞を活用することで、メディアに取り上げられることがあっても、それは、新聞を扱っているからであって、『イコール授業力が高い、力量がある』のではないことを肝に銘じておくこと。錯覚してはいけません」

まず大切なのは「人間関係づくり、自分の授業スタイルの確立」という。「NIE も新聞ありきではなく、カリキュラムと身につけさせたい力を明らかにして、学習活動を展開する。多様な学習材の一つとして新聞があることを自覚することが大切」と強調する。

ではどうするか。「管理職の理解を得る。何でもかんでも新聞ではなく、子どもたちにどんな力をつけさせたいかを考え、周囲に語る。中心には児童、生徒がいることに留意し、新聞オタクにならない」。植田さんは自己満足の実践に陥らないよう求める。

その上で、「さまざまなことにチャレンジし、率先して行動をしてほしい。学校図書館で記事をファイリングしたり、情報の蓄積に努める。扱う新聞について研究し、新聞記事から得られたことを話題にして共有化する。NIE コーナーの設置など、学校に新聞がある風景を作ることに力を尽くしてほしい」と期待する。

そして最後に「活用してみて初めて分かることもある。逡巡していてはダメ。はじめの一歩を踏み出してほしい」と熱いエールを送る。

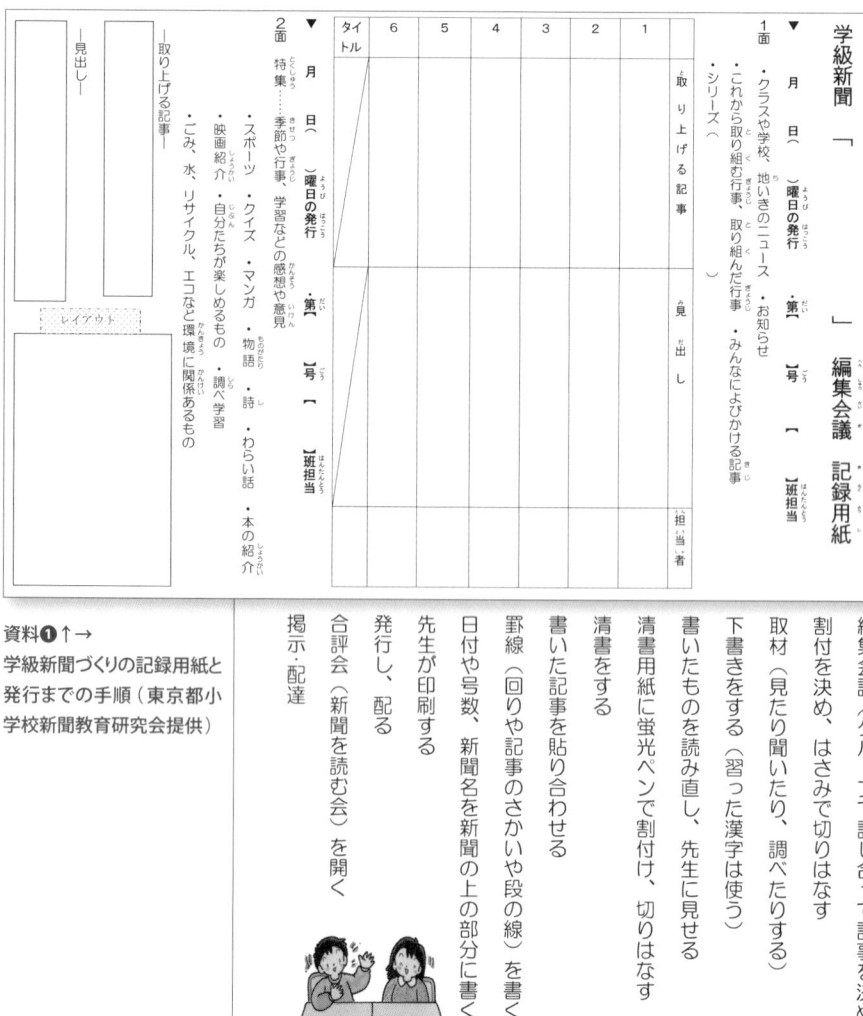

学級新聞「　　　」編集会議《へんしゅうかいぎ》　記録用紙《きろくようし》

▼　月　日（　）曜日《ようび》の発行《はっこう》　・第《だい》【　】号《ごう》【　】班担当《はんたんとう》

1面

・クラスや学校、地《ち》いきのニュース　・お知らせ

・これから取《と》り組《く》む行事《ぎょうじ》、取《と》り組《く》んだ行事《ぎょうじ》　・みんなによびかける記事《きじ》

・シリーズ（　　）

	1	2	3	4	5	6	タイトル
取《と》り上げる記事							
見《み》出《だ》し							
担《たん》当《とう》者《しゃ》							

▼　月　日（　）曜日《ようび》の発行《はっこう》　・第《だい》【　】号《ごう》【　】班担当《はんたんとう》

2面

特集《とくしゅう》……季節《きせつ》や行事《ぎょうじ》、学習などの感想《かんそう》や意見《いけん》

・スポーツ　・クイズ　・マンガ　・物語《ものがたり》　・詩《し》　・わらい話　・本の紹介《しょうかい》

・映画紹介《しょうかい》　・自分《じぶん》たちが楽しめるもの　・調《しら》べ学習

・ごみ、水、リサイクル、エコなど環境《かんきょう》に関係《かんけい》あるもの

―取り上げる記事―

―見出し―

レイアウト

学級新聞〔グループ〕発行までの手順

① 記事をさがす　・クラスや学校、地域のニュース　・お知らせ
・これから取り組む行事、取り組んだ行事　・みんなによびかける記事
・今、学習しているもの　・遊びの紹介　・スポーツ・クイズ　・マンガ
・ごみ、水、リサイクル、エコなど環境に関係あるものなど

編集会議（グループで話し合って記事を決める）

割付を決め、はさみで切りはなす

取材（見たり聞いたり、調べたりする）

下書きをする（習った漢字は使う）

書いたものを読み直し、先生に見せる

清書用紙に蛍光ペンで割付け、切りはなす

清書をする

書いた記事を貼り合わせる

罫線（回りや記事のさかいや段の線）を書く

日付や号数、新聞名を新聞の上の部分に書く

先生が印刷する

発行し、配る

合評会（新聞を読む会）を開く

掲示・配達

資料❶↑→
学級新聞づくりの記録用紙と発行までの手順（東京都小学校新聞教育研究会提供）

資料❷↓ 学習新聞づくりの発行までの手順（東京都小学校新聞教育研究会提供）

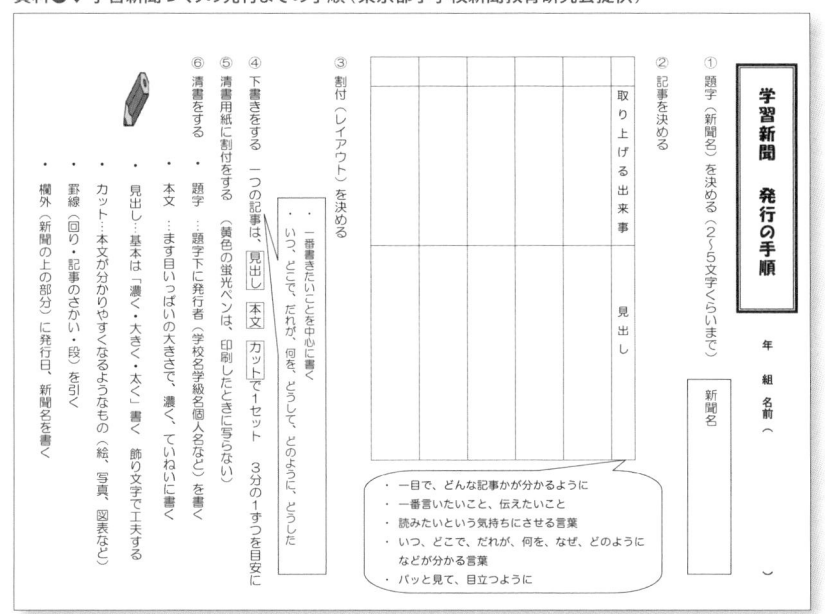

学習新聞　発行の手順

年　組　名前（　　　　）

① 題字（新聞名）を決める（2〜5文字くらいまで）

新聞名

② 記事を決める

取り上げる出来事

見出し

・一目で、どんな記事かが分かるように
・一番言いたいこと、伝えたいこと
・読みたいという気持ちにさせる言葉
・いつ、どこで、だれが、何を、なぜ、どのように などが分かる言葉
・パッと見て、目立つように

③ 割付（レイアウト）を決める

・一番書きたいことを中心に書く
・いつ、どこで、だれが、何を、どうして、どのように、どうした

④ 下書きをする　一つの記事は、見出し　本文　カットで1セット　3分の1ずつを目安に

⑤ 清書用紙に割付をする（黄色の蛍光ペンは、印刷したときに写らない）

⑥ 清書をする

・題字　…題字下に発行者（学校名学級名個人名など）を書く
・本文　…ます目いっぱいの大きさで、濃く、ていねいに書く
・見出し…基本は「濃く・大きく・太く」書く　飾り文字で工夫する
・カット…本文が分かりやすくなるようなもの（絵、写真、図表など）
・罫線（回り・記事のさかい・段）を引く
・欄外（新聞の上の部分）に発行日、新聞名を書く

資料❸↓→
学校新聞などを作る際に参考となる年間計画表（東京都小学校新聞教育研究会提供）

学校・学級新聞　作成のための早見表

	月	学校行事	季節 二十四節気	その他	行事やイベントの 見出し例	生活指導
	4月	・入学式 ・離任式 ・遠足	穀雨	・新任先生紹介（顔写真付） ・校長講話　前期めあて ・児童代表めあて発表・　児童会会長あいさつ ・今年の目標	横大「新学期スタート」　縦・「ウキウキワクワクがんばろう」 「桜も祝福　入学式」 「〜小は楽しいよ　早く慣れてね」 「決めたかな今年の目標」 ・「思い出いっぱい○○遠足」	5分前行動 「聞く態度もよくなったよ」
	5月	・一年生を迎える会報告 ・クラブ長委員長紹介 ・避難訓練		・学校取組について（先生よりアドバイス） （各学年児童の声目当てに向けて顔写真付） ・町のリーダー紹介　子ども会会長紹介	・「火事に備えて　守れたよ　おかしも」 ・「大丈夫？火事へのそなえは」	・先生に取材　生活指導関係アドバイスもらう
	6月	不審者訓練 運動会 宿泊学習	・虫歯の日 ・梅雨入り	・裏面「委員長紹介　丸囲みで顔入　イラスト入 ●地域祭　・フェスティバル	「梅雨入りしたよ　どうする遊び方」 「あいさつチャンス　授業参観」 「良い歯に」 「いのちを守る　交通安全教室」 「合言葉は、ブタハシャベルサ」	・低中高学年に交通安全取材 ・警察官にインタビュー囲み記事 ・児童と先生に不審者訓練の感想で振り返る（顔入）
	7月	水泳プール開き 夏休み前集会	七夕 夏至	●水泳「自分の級に向かってがんばろう！」 ・先生からアドバイス ・プール清掃様子 ●（裏面）そうじ特集　各学年児童からインタビュー ★あいさつについて ・ベルマーク委員会特集 ・わたしのぼくの夏休み、ここをがんばるぞ！	「みんなと協力　宿泊学習」 「ねがいを込めて　七夕集会」 「省エネ学習　暑さに負けるな」	「楽しく充実した夏休みにしよう」
	9月		立秋	・夏休みの思い出　（作品編）（運動編） ・水泳大会　各学年児童にインタビュー顔入 ・夏休みの思い出俳句 ・理科主任の先生よりコメント ●あいさつ運動　座談会先生と児童で　アンケートグラフあり	「夏休み貴重な体験」 「夏休みの自由研究」「廊下に掲示みんなすごいね」 「震災から1年半　関心を持ち続け　人のため　サポートしよう」	
	10月	・運動会 ・陸上大会 ・二期制 前期まとめと後期スタート	読書週間 体育の日	・クラスの取組もがんばろう お昼の放送で　頑張っている人紹介	「あした　決戦　勝負をかけて　運動会」 「華やかに応援合戦」「 初めての運動会」 「組体操頑張って」 「教育実習生紹介」	あいさつチャンピオン ろうか歩行グランプリ 不審者訓練
	11月		勤労感謝の日	リード〜見出し　学年児童の声　写真 絵画枠で学年紹介 ●各学年の校外学習特集	「朝の冷え込み　体調注意」 「心を合わせ　さあ　本番」 「あすは、学習発表会」 「いっぱい学ぼう　小さな社会人」 ・「けが注意報発令中！　こんなけが増えてます」	あいさつ運動
	12月	・書き初め	冬至 今年の漢字	・なわとび運動 「去年の級を飛び越えて」 縦見出し「学年のめあて達成！」 ・先生から　アドバイス　・学年の級めあて紹介 ・親切月間　友達にしてもらってうれしかった思い出		・「雨の日の休み時間　なにをしてますか？」 アンケート→円グラフに
	1月	持久走大会 書き初め	干支 伝統行事 新年	・残さず食べよう給食 ・「後始末一工夫」 給食主任にインタビュー 「ありがとうの気持ちで」		・インフルエンザ対策 ノロウイルス対策
	2月	第九合唱	節分 立春			
	3月	・3．11 ・謝恩会 ・6年生を送る会		・卒業 ・年間のまとめ ・教室をきれいにしよう		

若手実践教師への
アンケートと回答（抜粋）

2013 年 6 月実施

全校挙げて NIE に取り組んだ東京都北区立東十条小学校の
川口伸吾教諭、今野拓洋教諭、山野辺愛子教諭への Q&A

取り組む前に何が不安でしたか？

● NIE が新聞を取り扱うということは分かっていたが、「どこで」「どのように」扱うとよいのか分からず、不安だった　（川口教諭）

●子どもたちが新聞記事を自分の力である程度読んで理解できるのか、ということが一番心配だった。小学生新聞は読みやすくできているが、一般紙の内容は理解できるのだろうかと感じていた　（今野教諭）

●新聞をとっていない家庭が多かったこと、新聞の部数が間に合うか。情報量はたくさんあるが、文字が多いため子ども達が新聞を読むことを嫌いになってしまわないか不安だった　（山野辺教諭）

どのような実践をしましたか？

●４年生の理科「月」の単元で、新聞の月齢図を拡大して授業をした。3 年生が一般紙に慣れるように、新聞記事からワークシートを作成して、朝の新聞タイムで使った　（川口教諭）

●日直が新聞をスクラップし、クラス全員の前で発表する「新聞スピーチ」。毎週一回、始業前の時間に記事のスクラップをする「新聞タイム」では、新聞記事を読んで見出しを考えた。その日の新聞紙面全体から各ジャンルの記事を選び、それぞれの見出しを一枚の画用紙に貼り、リード文を書いて紹介し合う「新聞ヘッドライン」も実践。授業の中でも社会科などで活用した　（今野教諭）

●始業前の「新聞タイム」で児童が気になる記事のスクラップ、教師が選んだ記事でのスクラップに取り組んだ。日直の「新聞スピーチ」。朝の会での記事の紹介。国語、社会で記事や写真の活用。新聞自体についての学習（社会・総合的な学習の時間）。隙間の時間のゲーム（文字集め、熟語や外来語探しなど）。見出しづくり。道徳の題材に活用。記事の読み比べ。投書。広告から良いデザイン探し　（山野辺教諭）

やってみた感想（失敗も成功も）

●新聞の月齢図をつなげることで、月の形が変化している様子をコマ送りのような感じで見ることができ、子どもたちも好反応で良かった。新聞に使われる漢字や言葉の理解がまだ難しい 3 年生に、仮名をふったり、言葉の意味を解説したワークシートを作成した。国語辞典の使い方を学習してからは、自分で言葉を調べる活動も取り入れた。国語で学習したことが生かせて良かったと思う。ただ、漢字の読みは難しかったようだ。読みは私が教えていたが、子どもたちで解決できるような手立てを教師がした方が良かったのではないかと少し不安に思う　（川口教諭）

●記事を読むことが難しくても、写真や見出しから考えたり、テレビ欄や広告、記事の中のグラフなどを使ったりして、幅広い学習活動ができることが分かった。始業前の「新聞タイム」では初めのうちは私が記事を選んで読ませていたが、子どもたちは自分で見出しから好きな記事を選んでスクラップをする方が楽しいようだ。どうしても、教師の側であれこれと工夫をしなければならないと思いがちで、それを負担に感じることがあるが、子どもにとっては教師の工夫が活動の制約になってしまうこともあるので、活動の手順を示す以外はある程度自由に取り組ませることも大切だと感じた　（今野教諭）

●週１回の「新聞タイム」は回を重ねるごとに質、量とも良くなっていった。一般紙に読み慣れると、大人が読むような資料を提示しても苦にならなくなる。自然と新聞を手にしたり、読んだり、調べる手段とするようになった。新聞は「今」を知ることができるので魅力的。使い方によっては教科書よりも良い資料、題材がある。記事がなかなか読めない児童も関心が持てる写真やおもしろい見出しがある。新聞活用ばかりに目が行くと、狙いを見失いがちになることも。マンネリ化しないような工夫、アイデアが必要。授業での記事選びのため、普段からアンテナを張っておく必要がある　（山野辺教諭）

児童の反応や感想は？

●毎週の「新聞タイム」の活動や、新聞が授業に時折登場することで、子どもたちに新聞が少しずつ身近な存在になっているようだ。新聞の写真や記事から、書かれていることを読み取ったり想像したりすることで、書く力や読み取りの力も徐々についてきたように感じる　（川口教諭）

●初めのうちは「スポーツ欄」などに注目することが多かったが、だんだんと様々な記事に注目するようになった。スクラップする記事は子どもによって様々。草木や動物の写真をいつも選ぶ子、人生相談のコーナーを使って自分の意見を書く子、政治や国際問題を取り上げる子など、一人ひとり違いがある。その子の特徴や思っていることも何となく分かるようになってくる　（今野教諭）

●初めは面倒くさくて大変と考える児童が多かった（好きな児童もごく少数いた）。続けていくうちに、新聞を使ったり読んだりすることに誇りを持つようになった。書いたり、読んだりする力がついたと、児童自身も気付いている。新聞を使うことが当たり前になる。社会の出来事について教室や家庭で話すことが増えた。社会の情報単元の学習で様々なメディアのメリット、デメリットを挙げた際、子どもたち自身が新聞の良さを理解していた（山野辺教諭）

初心者に参考になる体験談を

●「NIE」と聞くと、「新聞をどのように扱うか」が真っ先にきて、教科によっては「新聞」が厄介に感じることがあるかもしれない。私自身もそうだったし、今でも少しそう感じる時がある。何らかの形で新聞に関わっていくと、「この授業では新聞が使えないかな？」と思える時がある。私にとっては、4年理科「月」の単元で扱った「月齢図」だった。「新聞を絶対使わないといけない！」と気負ってしまうのではなく、もっと気楽に、取り入れられる時に新聞を扱う、という感じで入っていくといいかもしれない　（川口教諭）

●記事をしっかり読めるようになることも大切だが、初めのうちは、見出しや写真に着目させるようにすると、子どもたちも負担感が少なく済むようだ。記事をしっかり読むためには、辞書を一緒に使うと良い。また、一人で読むだけではなく、隣の席の友達と一緒に読んだり、グループで記事を選んで読んだりすることも良いと思う　（今野教諭）

●おもしろい写真や自分自身が気になった記事について話すだけでも子どもたちが食いついてきてくれる。新聞の写真はやっぱりすごい。いろいろな情報が含まれていて、子どもたちはこちらが気付かないようなところまでよく見ている。新聞がなかったら、何人かで分ければ短時間で一覧もできる。何人かで見れば、子どもたち同士で自然にコミュニケーションを取り合える。あまり深く考えず、さりげないところで使った方が、うまくいったり、子どもたちの反応も良かったりする　（山野辺教諭）

―・吉成勝好さんに聞く

▶日本新聞協会 NIE コーディネーター

これからの NIE の課題や展望はどうなのか。日本新聞協会 NIE コーディネーターとして全国の活動状況にも詳しい吉成勝好さんにインタビューした（聞き手・城島徹）

インタビューに答える日本新聞協会 NIE コーディネーターの吉成勝好さん

― 今後の NIE はどのように展開していきますか？

日本新聞協会が 2013 年度から新しい 5 か年計画を策定しました。これまで以上に「教師主体の NIE」をどう確立していくかに力を入れなければなりません。私は NIE には「内容としての NIE」と「運動としての NIE」とがあると思います。「内容」の方は新聞を活用して教育の目的、目標を達成する教育活動そのものです。「運動」の方は NIE の普及活動で、NIE の魅力や学習効果を PR するのをはじめ、実践教師を増やし、各地の支援組織を充実させる活動を意味します。当然ながら教育界と新聞界では目指すもの、組織のあり方も違いますから、それぞれ違ったアプローチになると思います。

― 「内容としての NIE」と表現された教育活動はどうすればよいでしょう。

小中高校の各段階において、あらゆる教科で新聞活用が新学習指導要領に明確に位置づけられました。日本の NIE は新たな段階を迎えたわけで、従来のような、NIE に対して自覚的で先進的な教師、学校だけの限られた実践ではなく、全国のどの地域、どの学校、どの教科、どの教師でも、必ず何らかの形で新聞を活用する教育活動が求められるようになりました。時間や内容の濃淡はあっても、「普通に」「当たり前に」新聞を使うようになってほしいですね。ベテランの NIE 実践経験者には自分の影響力の及ぶ範囲だけでなく、活動を広げるため学校全体・地域全体に「誰でもできる新聞活用」のノウハウを伝えることを期待します。

― では、新聞界はどう支えていけばよいと考えますか？

カリスマや名人芸のような実践ばかり推奨するのではなく、どこでも誰でも取り組める NIE の実践を紹介することです。先進的で実験的なものももちろん大切ですが、主な方向は、普通の教師が参考にできる実践ノウハウを可能な限り集積することです。授業の展開や教育効果などを記した「指導計画」「指導案」を学校に残しておけば、実践者が異動しても NIE は継承できますし、できれば各社の教科書に対応した教師用指導書が作成されるといいですね。

― メディアはとかく名人芸に注目しがちかもしれません。

かつて「誰でもがこうすればうまくいく指導法を定式化したい」という発想から「教育技術の法則化運動」が起こりました。NIE もそれを思い起こさせます。公開授業で新聞を活用した授業を取材してもらい、新聞記事に載ることは NIE の PR、普及にはありがたい半面、新聞さえ使えば記事になるという報道姿勢は他の教科・分野の実践者から見ると、手前みそではないかとひんしゅくを買っている現実もあります。NIE のベテラン教師からも「新聞さえ使えばいいのか」「なぜ新聞なのか、教育効果など大切な問いかけに応えていない」

などの声が聞かれます。その授業によって、こういう力がつくことが期待できる、こういう効果があったというように、授業の意味、価値を評価した上で報道してほしいと思います。

— では「運動としてのNIE」で大切なポイントは？

教育界としての重点項目を挙げましょう。①校内に「新聞のある環境」を創出する② NIEの「日常化」を図る時間を設定する③ NIEの活動に、個人でなく、組織として取り組む④発信活動・新聞づくりを重視する⑤全都道府県にNIEの研究会を作り、活動内容を充実させる――の5点です。これを踏まえ、子どもたち、教師、保護者や地域住民に対し、なぜNIEが良いのかを理解してもらい、PRして広げていくことが大切です。

— まず「新聞のある環境」の創出はどう考えますか？

新聞の現物がなければNIEは始まりません。実践指定校だけでなく、すべての学校に常時「新聞のある環境」があることが、すべての子どもたちにNIEを保証する最低限の条件です。校内に「新聞コーナー」、少なくとも図書館に新聞を置くスペースを作りたいのです。予算措置された学校図書館への新聞配備を完全実施させ、いつでも自由に新聞を読める場所を確保し、充実させていきたいからです。

— NIEの「日常化」の効果も最近よく耳にしますね。

NIEで確かな教育効果をあげるためには、新聞を読む習慣、新聞から学ぶ習慣をつけることが不可欠です。学校におけるNIE日常化の実現可能な最良の方法は、始業前に新聞に触れる時間を設けることだと思います。「朝読書」などと同様に少なくとも週1回は確保したいもので、すでに「NIEタイム」「朝新聞」などの名称で実践しているケースがあり、担当の先生たちから「子どもが確実に力をつけている」との報告を聞いています。これには「一人よりもグループで」「グループよりも学校ぐるみで」「一つの学校だけよりも複数の学校で、市全体で」と、点ではなく面としての取り組みが望まれますから、教科主任、学年主任、教務主任、教頭、校長、指導主事、教育委員、教育長など、リーダーシップを発揮できる人材の役割が重要になります。

— つまり、3番目の「NIE活動に組織として取り組む」ですね。

NIE実践者で学校運営や教育行政の指導的立場で活躍できる人を育てることが課題です。その資質のある人には積極的にそういうコースを選択するよう促すことも必要です。優れた実践者の中には「生涯一教師」と自負するタイプが多いようですが、組織の中でも力を発揮するよう説得も必要かもしれません。最近はNIEアドバイザーから管理職や指導

宮城県石巻市立大川小学校を視察する吉成コーディネーター=2012年9月23日

兵庫県 NIE 推進協議会総会で講演する吉成コーディネーター =2013 年 6 月 8 日（本人提供）

主事になる人や、教頭、校長という管理職でアドバイザーを引き受けてくれる人が増えています。各地の推進協議会は NIE 実践者に加え、NIE 普及のキーパーソンを発掘してほしいですね。

― 発信と新聞づくりの意義はどうでしょう。

子どもたち自身が有効な発信手段を持って使いこなすことが重要で、デジタル化が進む時代に情報発信の基礎として、新聞づくりの意義は十分強調しておきたいですね。

― そして 5 番目の課題として、全国各地に NIE の研究会を作り、活動内容を充実させることを指摘されました。

NIE の実践力を高め、良さを広め、新たに NIE を始める先生たちへの支援の場を充実させる。そのために必要なのが教師主体の自主研究組織です。最近は全国各地でこの種の研究会が誕生し、定期的に活動が始まっているようで、素晴らしいと思います。

― これからの学力はどうあるべきか、という観点からはいかがですか？

小中学生の「読解力不足」を指摘し、新学習指導要領の改訂を促した経済協力開発機構（OECD）の国際学習到達度調査（PISA）の目的は明確です。実生活の様々な場面で直面する課題に対し、知識や技能をどう活用するか。これからの世界を切り開いていく上で応用できる能力を見ているのです。正解のないような問題も多く、思考、判断、表現を重視しようという流れがあります。それは、「学力低下」を論じて「ゆとり教育反対」を唱え「もっと教えろ」という立場とも対極にあります。

― ICT の時代にも対応する工夫が必要ですね。

デジタル手段などを活用したネットワーク化も積極的に進めていくべきです。日本新聞協会のホームページにある NIE のコーナーでは各地の先生がたの実践例を紹介したり、フェイスブックページ「NIE47」を 2013 年 1 月に開設し、写真や動画による最新情報を発信したりしています。実践者が互いに学び合い、支え合い、交流し合う場として活用していただきたいですね。

― NIE の最近の動きで注目できるものはなんでしょう。

2013 年 4 月の全国学力状況調査で中学の国語 B に新聞の書き方を問う問題が出題されました。そのほか図書便りの記事を書く設定での問題やリーフレットづくりの編集会議をテーマにした出題がありました。まさに NIE で展開してきた学習が生きる設問です。知識や技能を実生活でどう活用するか、という PISA 型学力の狙いが文部科学省のコンセプトとして定着していることを実感しました。

― 全国の NIE アドバイザーはどのように動いていますか？

教育行政に異動する人が目立ってきました。沖縄県立総合センターの研究主事になった甲斐崇さんは NIE 講師の役割で授業や研修会に派遣されるそうですし、

NIE福井大会で報告した道関直哉さんは県教委の生涯学習・文化財課へ移り、漢字学者の白川静博士の「白川文字学」に教育の場で取り組むそうです。また大分県の佐藤由美子さんは県教委指導主事としてNIEの指導的役割を果たしていますし、埼玉県の中山正則さんは「拠点指導教諭」という職に就きNIEの普及に努めています。2013年7月現在、全国に158人いるNIEアドバイザーのうち指導主事など教育行政に所属しているのが15人、校長、教頭など学校管理職が29人、大学教員が2人います。ぜひ影響力を発揮してほしいですね。

一 最後に改めて新聞を活用する意義、魅力についてどうお考えですか？

PISAで指摘された「読解力」は新聞を活用することで非常によく伸ばせると考えます。社会のことを知ったり、新聞を読んで漢字を覚えたり、という面だけではなく、非常に大きなことは、自分が生きている社会に対する興味関心を掘り起こしていくことです。それによってレベルの高い茶飲み話ができる。女優の吉永小百合さんが「朝起きて、新聞を読むことが私の日課です」と話している新聞記事を読んだことがあります。どのような世界でも社会に関わる市民として生活に欠かせないことだと感じました。

東京葛飾区の青少年委員会で「育成だより」の指導をする吉成コーディネーター =2012年12月20日（本人提供）

一 生涯にわたるNIEですね。

2007年に岡山で開かれたNIE全国大会で作家の重松清さんが記念講演し、NIEのE（エデュケーション）を生活や人生を豊かなものをめざしてL（ライフ）とした「NIL」を提唱されました。私も共感しました。「生活に新聞を」「人生に新聞を」ということです。幼児期には、情報に親しむ入門期として新聞と遊ぶ、親しむ、楽しむ。メディアとの付き合い方の基礎となる態度、姿勢を学ぶことで好奇心の強い子に育ちます。学齢期には生涯学習の「基礎」としての新聞活用ですね。新聞を読み、スクラップする習慣をつけ、さらに多メディア時代の情報活用能力を培う。そして成人期は生涯学習としての新聞活用で、「国民総発信者時代」のモラルとルールを身につけ、新聞を生活、産業、芸術の中に生かしていくことができると思います。

・　・　・

吉成勝好（よしなり・かつよし）

1943年生まれ。早稲田大学第一政治経済学部卒業。民間研究所、企業等に勤めた後、33歳で東京都公立小学校教諭。小学校2校で校長を務め2004年定年退職。在職中に東京都小学校新聞教育研究会会長、全国新聞教育研究協議会会長などを歴任した。2012年から日本新聞協会NIEコーディネーター。

編著書に「総合的な学習に生きる新聞教育」（東洋館出版）、「新聞をつかった総合学習実践集・全5巻」（岩崎書店）など多数。

NIE アドバイザー一覧

42 都道府県 158 人（敬称略・2013 年 7 月 1 日現在）

都道府県名	氏名	所属	教科（中・高のみ）
北海道	渋谷　渉	網走市立網走小学校	
	富岡　賢晃	苫小牧市立日新小学校	
	柳谷　直明	赤平市立平岸小学校	国語
	金子　賢	函館市立的場中学校	国語
	野上　泰宏	帯広市立西陵中学校	音楽
	福澤　秀	旭川市立春光台中学校	社会
	佐藤　啓貢	北海道札幌琴似工業高等学校	国語
	志田　淳哉	北海道札幌南高等学校	地歴・公民
青森県	大賀　重樹	青森市立千刈小学校	
	三浦　博英	五所川原市立市浦中学校	社会
岩手県	田村　勝	宮古市立亀岳小学校	社会
	木村　幸治	元盛岡市立北松園中学校	
	長根いずみ	盛岡市立見前南中学校	国語
	山下　佳子	岩手県立盛岡南高等学校	国語
宮城県	阿部　謙	仙台市立泉松陵小学校	
	今藤　正彦	仙台市立七北田小学校	
	中辻　正樹	仙台市立七郷小学校	
	木下　晴子	仙台市立幸町中学校	国語
	菅原　久美	仙台市立八乙女中学校	社会
	大槻　欣史	仙台市立仙台青陵中等教育学校	英語
秋田県	佐藤　香	秋田県立大曲農業高等学校	国語
山形県	東海林みゑ	元西川町立西川中学校	
	松田圭一郎	山形県立山形北高等学校	社会
茨城県	石川美智子	神栖市立太田小学校	
	小野瀬容子	元常陸大宮市立緒川中学校	社会
	折本　正巳	水戸市総合教育研究所	社会
栃木県	芳賀　智一	日光市立栗山小学校	社会
	松下　俊介	宇都宮市立雀宮中学校	社会
	石崎　晃	栃木県立宇都宮商業高等学校	国語
群馬県	松橋美智子	太田市立西中学校	国語
埼玉県	菊池　健一	さいたま市立東宮下小学校	
	中山　正則	越谷市立東越谷小学校	
	小谷野弘子	さいたま市立大宮西中学校	国語
	佐藤　弥生	埼玉県立川越女子高等学校	国語
東京都	関口　修司	北区立滝野川小学校	
	竹泉　稔	練馬区立大泉東小学校	
	田中　孝宏	江東区立第二亀戸小学校	
	岡　四朗	練馬区立開進第三中学校	社会
	菅野　茂男	世田谷区立砧中学校	
	白戸　一範	武蔵村山市立第五中学校	
	坂口　泰通	明治大学付属明治高等学校・中学校	国語
	本杉　宏志	都立青山高等学校	地理歴史科（日本史）
	津吹　卓	十文字学園女子大学	理科・生物学・教育学
神奈川県	梅田比奈子	横浜市教育委員会人権教育・児童生徒課	社会
	深沢　恵子	横浜市立本町小学校	
	村山　正子	相模原市立鵜野森中学校	国語
	望月　浩明	神奈川県立有馬高等学校	社会

都道府県名	氏名	所属	教科（中・高のみ）
千葉県	松井　初美	千葉県立東部図書館	
	神尾　啓子	柏市立柏第一小学校	
	武藤　和彦	市川市立塩焼小学校	
	相川　浩一	山武市立山武南中学校	社会
	石毛　一郎	千葉県立佐原高等学校	地歴・公民
山梨県	中島　葉子	元南アルプス市立若草中学校	国語
	樋口　孝治	元甲府市立東中学校	国語
	中山　友江	元山梨県立韮崎高等学校	
静岡県	山﨑　章成	浜松市立曳馬小学校	
	矢澤　和宏	島田市立川根中学校	社会
	實石　克巳	静岡市立高等学校	国語
	吉川　契子	静岡県立静岡中央高等学校	理科
長野県	宮原　美恵	上田市立中塩田小学校	社会
	木下　正彦	駒ヶ根市立東中学校	社会
	中山　　実	大町市立美麻小中学校	国語
	有賀　久雄	長野県田川高等学校	社会
	木内　　清	長野県小諸高等学校	地歴・公民
	平林　洋一	長野県木曽青峰高等学校	社会
岐阜県	原田　結花	山県市立伊自良北小学校	
	三原　貫司	岐阜市立岐阜小学校	国語
	細江　隆一	美濃加茂市立西中学校	国語
新潟県	津野庄一郎	新潟市教育委員会学校支援課	社会
	生田　恵子	新潟市立新潟小学校	
	古井丸裕三	新潟市立女池小学校	
	若林　靖人	新発田市立紫雲寺中学校	社会
	蟻塚　宰子	新潟県立新潟商業高等学校	
福井県	道関　直哉	福井県教育委員会生涯学習・文化財課生涯学習・白川文字学グループ	社会、英語
	笈田　美香	坂井市春江小学校	国語
	竹内恵美子	福井市宝永小学校	
	古川　典子	大野市上庄小学校	
	小林　義尚	越前市南越中学校	理科
京都府	椹木　　稔	京都市立静原小学校	
	神﨑　友子	京都教育大学附属桃山中学校	国語
	橋本　祥夫	京都文教大学臨床心理学部教育福祉心理学科	
大阪府	小泉　佐保	高槻市立芥川小学校	国語
	中島　順子	大阪市立開平小学校	全教科
	安田　陽子	元大阪市立野中小学校	
	植田　恭子	大阪市立昭和中学校	国語
	吉田　裕紀	大阪府立泉陽高等学校	地歴・公民
兵庫県	津田　康子	伊丹市立南小学校	
	蓮尾　真一	明石市立鳥羽小学校	
	山本　直子	豊岡市立中筋小学校	
	中野　順一	高砂市立松陽中学校	社会
	佐々木浩二	兵庫県立姫路東高等学校	地歴・公民

都道府県名	氏名	所属	教科（中・高のみ）
奈良県	挽地　一代	元奈良市立二名小学校	
	高橋　一博	奈良市立済美南小学校	
	谷口　隆紀	生駒市立鹿ノ台小学校	
	二田　貴広	奈良女子大学附属中等教育学校	国語
	矢野　佳津	奈良県立生駒高等学校	国語
滋賀県	山本伊三郎	大津市教育センター	
和歌山県	須佐　　宏	和歌山市教育委員会学校教育部学校教育課	国語
	赤阪　健司	元広川町立津木小学校	
	貴志　年秀	和歌山市立四箇郷北小学校	
	鈴木　章生	白浜町立市鹿野小学校	
	今田　一里	紀の川市立貴志川中学校	社会
岡山県	中村ひとみ	笠岡市立中央小学校	
	廣田　巨史	倉敷市立児島小学校	
	中村　晃子	朝日塾中等教育学校	国語・ディスカッション科
	横田眞智子	倉敷市立真備東中学校	国語
	畝岡　睦実	岡山県立岡山城東高等学校	国語
	水田　清志	岡山県立西大寺高等学校	理科（化学）
広島県	古谷　修一	広島市立毘沙門台小学校	
	迫　　有香	廿日市市立七尾中学校	社会
	八松　泰子	広島市立庚午中学校	社会
	堤　隆一郎	広島県立広高等学校	地歴・公民
	藤田　　豊	広島県立福山明王台高等学校	国語
	山﨑　敏夫	広陵高等学校	地歴・公民
鳥取県	福嶋千寿子	倉吉市立久米中学校	国語
島根県	福間　敏之	海士町教育委員会	社会（小学校全科）
	松浦　和之	出雲市立久多美小学校	
	伊藤　雅美	松江市立乃木小学校	全教科（音楽、家庭科除く）
	山尾　一郎	大田市立第二中学校	社会
	野津　孝明	島根県立横田高等学校	地歴・公民
山口県	川本　吉治	宇部市立西岐波中学校	特別支援教育（社会）
徳島県	野口　幸司	吉野川市立森山小学校	
	谷木　由利	元吉野川市立知恵島小学校	国語
香川県	大西　次郎	綾川町立綾上中学校	国語
	藤川　由香	坂出市立東部中学校	国語
	前野　勝彦	高松市立高松第一中学校	数学
愛媛県	今井　互郎	東温市立南吉井小学校	
	久保　宏樹	愛媛県立川之江高等学校	地歴・公民
高知県	川口加代子	高知市立江ノ口小学校	
	德平　　亮	南国市立香長中学校	社会、技術家庭
	中野こずえ	土佐清水市立下川口中学校	国語
	安岡　正輝	高知県教育委員会事務局人権教育課	国語
福岡県	藤野　嘉久	福岡県教育センター産業教育班	情報、社会、商業
	木村　宏之	飯塚市立立岩小学校	社会
	森　　祐洋	春日市立春日北中学校	社会
佐賀県	光武　正夫	唐津市立鬼塚中学校	社会
	芝原　正章	佐賀県立佐賀工業高等学校	地歴・公民

都道府県名	氏名	所属	教科（中・高のみ）
長崎県	加瀬川哲文	東彼杵町立千綿小学校	国語、英語
熊本県	長谷川博臣	熊本県教育庁教育指導局高校教育課高校整備推進室	商業
	書川　欣也	熊本市立楠小学校	
	笹原　信二	熊本市立桜木東小学校	
	後藤　孝成	天草市立天草中学校	社会
	田中慎一朗	熊本市立三和中学校	理科
	岩﨑　隆尋	熊本県立鹿本商工高等学校	
	川上　良尚	熊本県立熊本高等学校	公民
大分県	佐藤由美子	大分県教育庁大分教育事務所	国語
	茨木　里香	大分県立森高等学校	国語
宮崎県	川﨑　辰巳	宮崎県教育庁中部教育事務所	社会
	猪野　　滋	宮崎大学教育文化学部附属中学校	社会
鹿児島県	尾辻　孝徳	鹿児島市立花野小学校	
	福丸　恭伸	鹿児島市立城西中学校	社会
	矢野　正浩	志學館中等部・高等部	社会、地歴・公民
	池之上博秋	鹿児島県立鹿児島南高等学校	地歴公民科
沖縄県	甲斐　　崇	沖縄県立総合教育センター教育経営研修班	理科
	古波津　聡	沖縄市立コザ小学校	
	佐久間　洋	伊平屋村立伊平屋小学校	
	兼松　　力	南城市立大里中学校	社会
	仲程　俊浩	那覇市立城北中学校若夏分校	社会

※日本新聞協会のホームページより転載

教育に新聞を

－あとがきにかえて－

NIE（Newspaper in Education）は1930年代にアメリカで始まったという。教育の場で新聞を活用しようという世界共通の活動だ。いま日本では、次代を担う世代が激動の社会を生き抜くための大切な「学び」として、このNIEに熱い視線が注がれている。

Newspaper in Education

●● 新聞界が協調して推進

「世界新聞・ニュース発行者協会（WAN-IFRA）」によると、NIEの実施国は年々増加し、2011年11月現在、世界74カ国に及んでいる。日本では1980年代前半に新聞社の販売幹部が米国での国際会議で集中的に情報収集してきた。多民族国家の米国では、30年代からすでに識字教育の側面からも教育の場での新聞活用に力を入れ、新聞販売がピークから低下に転じた70年代後半には、新聞社が新聞離れに歯止めをかけようと教育界と連携して新聞活用事業を本格化させていた。こうした先進例の研究を経て、85年に静岡で開かれた新聞大会で当時の小林與三次・日本新聞協会会長がNIEを提唱し、「単に販売部門の問題というより、教育と新聞の役割に関わる本質的な研究課題とすべきだ」と呼びかけ、NIE専門部会（妹尾彰・初代部会長）を新設した。

教育界では「販売対策」と受け止める傾向もあるが、新聞協会は「教育現場を販売促進の場としない」と申し合わせ、単独の新聞社の取り組みではなく、新聞界が協調して普及する活動との認識を確認している。こうした協調姿勢をもとに、新聞協会は89年、学校全体で新聞活用に取り組む「パイロット校」に東京都内の小中学校3校を認定し、先行的に実践が始まった。96年からは「NIE実践指定校制度」を発足させ、13年度には全国47都道府県の小・中・高校・特別支援学校571校が実践指定校に認定されている。指定校には複数の新聞が一定期間提供され、授業に活用できる。

●● 学習指導要領に新聞

NIEが大きく注目されたきっかけの一つは、新しい学習指導要領に「新聞の活用」が明確に位置づけられたことにある。これに基づき新指導要領は、11年度から小学校、中学校、高校と年度ごとに順次実施されてきた。その背景には、経済協力開発機構（OECD）の03年の国際学習到達度調査（PISA）で小中学生の「読解力」低下が指摘されて以来、高校、大学を含む若年層にとって理解や考察、表現の基礎となる言語能力の育成が課題として浮上してきたことがある。順位と得点の低下幅の大きさに加え、無答率が参加国平均（15.6%）に対し23.7%と高いことも問題視された。そのため学習指導要領の改訂は、思考力、判断力、表現力の育成のための「言語活動の充実」をポイントに置き、これに全教科・領域で取り組むよう提起した。

新指導要領ではこうした学力の育成に、新聞を有効な学習材として文言で明記した。グローバル化が進み、政治、経済もスピーディーに変化する現代は、「今」を考え、社会参加へと導くテキストとしての役割が新聞に期待される。学習指導要領の内容を補足する解説では、授業で教えるべき指導内容として「新聞活用」が取り上げられ、小学校高学年の国語で「編集の仕方や記事の書き方に注意して新聞を読むこと」を明記し、中学3年の国語で「論説や報道などに盛り込まれた情報を比較して読むこと」を求めているほか、社会科や国語以外に「新聞などで概数を探す」（算数）、「新聞の天気図を読み取る」（理科）など他の科目でも触れてい

る。この結果、各教科の教科書には新聞に触れる記述が飛躍的に増えた。

新聞特有の「内容の多様性」を生かした教材開発と実践方法の研究もNIEに求められる課題だ。現代社会で起きている現象をテーマとして設定した資料・スクラップ制作や討論、ディベート、意見表明▽複数紙を使った比較読み▽他メディアとの比較▽取材、インタビューの試み――など、時代に即し、かつ知的好奇心を喚起する素材をどう活用するのか。こうした問題意識も次代を担う人材の育成には欠かせない。また、教室に新聞が入ることから生じる「学びの場」の変化を教師がどう受け止め、児童、生徒をどう主体的な学習方向へ導いていくかも問われている。

●● NIE以前に先駆的実践

もっともNIEと呼ぶ以前に、新聞を教育の場で活用する取り組みは明治や大正、昭和の時代を通して行われてきた。「新聞教育の原点―幕末・明治から占領期日本のジャーナリズムと教育」（世界思想社）を著した柳澤伸司・立命館大学産業社会学部教授や、戦後の新聞教育を調査している稲井達也・日本女子体育大学教授などの論文に詳しいが、たとえば国語教育者の大村はま（1906-2005）は戦後間もない1940年代後半に東京都目黒区立第八中学校で読書指導の授業において新聞制作を実践しており、NIEでも先駆的な学習例とされる。

東京都北区立東十条小学校の今野拓洋教諭は12年度に6年の社会科で文明開化の伝達方法について、字が読めない人に読み聞かせを行う「新聞解和会」という今日のNIEに通ずる学習活動が行われていたことを教え、児童が明治時代の人になったつもりでそれを再現するユニークな授業を試みている。

日本では第二次世界大戦によるブランクもあるが、戦後間もなく連合国軍総司令部（GHQ）が民主主義を根付かせる目的で「学校新聞」の発行を推奨し、50年代に向け急速に普及していった経緯もある。こうした学校新聞づくりは学校の予算削減や受験競争激化の影響もあって衰退していったが、戦後初の「昭和22年度学習指導要領の国語科編（試案）」（第三章・小学校四、五、六学年の国語科学習指導―第六節・学校新聞について）には「学校新聞作製の目的」として「新聞を読んだり、つくったりすることによって、真実を伝え、正論を主張し、美を愛好する精神をやしない、社会的責任感を高める」という一節があり、GHQの民主主義教育への影響が色濃くうかがえる。

●● 時代と新聞

そうした史実を踏まえ、大きな観点からNIEの時代背景を考えると、権力と新聞の関係や時代と教育との関わりを考えずにはいられない。

民主主義社会の基盤を成すメディアとして新聞の存在を語る際、ジャーナリズムに関係する人たちの間でしばしば引用されるのが、アメリカ独立宣言の起草者で第3代アメリカ大統領トマス・ジェファーソンの「新聞のない政府と、政府のない新聞の、どちらを選ぶかと問われたら、私は躊躇なく後者だ」という言葉だ。アフリカの独裁国家が維持される一因として「新聞がない方が政府に都合がよい。民主化の担い手を育成する新聞はじゃまな存在だからだ」という現地で聞いた言葉と表裏一体を成しているように思う。

戦後の教育は、教科内容をしっかり教え込む知識重視の「系統主義」と、子どもの生活や経験を重視する「経験主義」を行き来する振り子に例えられる。学習指導要領の「新聞」の位置づけは、そのせめぎ合いの中で埋没した感があるが、グローバル化に伴う急速な情報化を背景に「情報読解力」の育成が迫られるなか、NIEという呼称で改めて注目されるようになったと言えないだろうか。

●● アドバイザーや出前授業

教育現場で長年培われた新聞活用の実践や理論の蓄積は各地に息づいているはずで、NIE は過去の優れた取り組みを再構築するきっかけになるかもしれない。05 年には大学の研究者と小中高校の教師たちが連携して NIE を推進させようと「日本 NIE 学会」を設立し、NIE の理論的な発展や実践者の交流などを目指して試行錯誤しながら活動を進めている。

また、NIE の実践をめざす教師への助言や学校での実践を支えるエキスパートが全国にいる。日本新聞協会は各都道府県 NIE 推進協議会の推薦を受け、実践豊富な教師を「NIE アドバイザー」として認定しており、各地の推進協を通して派遣や助言を求めることができる。「新聞を教科書の中だけで教える」のではなく、「実際の新聞を使って授業をする」ことが重要と指摘されるなか、生きた学習材としての新聞活用に NIE アドバイザーの活躍が期待される。

一方、新聞社が培ったノウハウを的確に教育現場に役立ててもらえるよう各新聞社も記者派遣（出前授業）制度を充実させている。テーマは新聞社の仕組みや全般的な新聞記者の仕事、インタビュー方法、原稿の書き方、新聞の作り方から、東日本大震災、原発事故、地球温暖化、沖縄基地問題、アフリカ支援、テロと平和、裁判員制度、消費増税、年金制度、スポーツ、文化など多岐にわたり、専門性を問われるケースも多く、ベテランの論説委員や編集委員も積極的に派遣している。また新聞社の仕事全般を学ぶキャリア教育の要請に応じ、広告、販売、事業など全本社の社員も派遣対象になりつつある。

記者派遣を希望する場合は、教科やテーマ、時期、対象学年や人数などを所定の申し込み用紙（多くの新聞社はホームページなどから入手できるように設定）に記入してメールないしファクスで新聞社側に連絡する。これを受け、新聞社側は専門性などを考慮して出前授業の担当者を決め、教科や単元の狙いや単元構成の中での位置づけなどを確認するため教師と直接連絡を取り合い、学習効果をより高める方法、内容などを細かく詰めていく。

●● 民主主義の担い手を育てる

PISA 型の読解力で重視される能力の一つがクリティカル・リーディングだ。欧米で重視される「批判的な分析」は日本ではなじみの薄い思考プロセスだけに、自分と異なる価値観への警戒感、嫌悪感からコミュニケーション不全に陥ったり、新聞を単に批判すれば良し、と誤解する向きもあるようだが、公平・公正な批評をもとに論理的に情報を分析、評価する能力を重視しようというのが本来の趣旨だ。問題を発見し、知識の活用で解決する思考法が基礎となっており、新聞活用の学習効果もそこに期待が持たれている。

今後 NIE 普及のためには、教師がより主体的に推進し、教育委員会など行政が新聞活用の価値を認識することが必要で、教師向けセミナーの開催、PTA との連携、ファミリーフォーカス（家庭における新聞活用）普及、地域の高齢者との融合などさらに幅広い取り組みが望まれる。

NIE により新聞の閲読習慣が身につくことは 09 年の日本新聞教育文化財団（当時）の調査で指摘されたが、09 年の PISA でも、「新聞閲読頻度が高いほど総合読解力の得点が高いという傾向は、日本だけでなく他の国においても同様にみられる」との相関関係が示された。

新聞を使った「学び」は NIE という呼称にこだわらず、活字文化の発展や民主主義を担う市民の育成にも大きく寄与するもので、ESD（持続可能な開発のための教育）の視点も含めた国際理解を促す推進力も備えているのは間違いない。NIE 活動は新たな発展への段階を迎えている。

参考にした主な文献・情報サイト・組織

『はじめて学ぶ　学校教育と新聞活用―考え方から実践方法までの基礎知識』
（小原友行・髙木まさき・平石隆敏 編著、ミネルヴァ書房、2013 年）

『新聞教育の原点―幕末・明治から占領期日本のジャーナリズムと教育』
（柳澤伸司 著、世界思想社、2009 年）

『情報読解力を育てる NIE ハンドブック』
（日本 NIE 学会 編、明治図書出版、2008 年）

『学びを開く NIE―新聞を使ってどう教えるか』
（影山清四郎 編著、春風社、2006 年）

『国語教育と NIE―教育に新聞を!』
（小田迪夫・枝元一三 編著、大修館書店、1998 年）

『学校で役立つ新聞づくり・活用大事典』
（関口修司 監修、学研教育出版、2013 年）

『新 NIE 実践ヒント・ワークシート集　新聞を楽しく読んで考えよう』
（妹尾彰 著、晩成書房、2011 年）

『2013 年度版 ニュース検定公式テキスト&問題集「時事力」基礎編（3・4 級対応）』
（日本ニュース時事能力検定協会 監修、毎日新聞社、2013 年）

『学習指導要領に沿って　新聞活用の工夫 提案―NIE ガイドブック 小学校編』
（一般社団法人日本新聞協会、2011 年）

『学習指導要領に沿って　新聞活用の工夫 提案―NIE ガイドブック 中学校編』
（一般社団法人日本新聞協会、2012 年）

『学習指導要領に沿って　新聞活用の工夫 提案―NIE ガイドブック 高等学校編』
（一般社団法人日本新聞協会、2013 年）

一般社団法人日本新聞協会・NIE　教育に新聞を　http://nie.jp/
全国新聞教育研究協議会（木野村雅子会長）
東京都小学校新聞教育研究会（関口修司会長）
日本 NIE 研究会（妹尾彰会長）
日本 NIE 学会（小原友行会長）

城島 徹（じょうじま　とおる）
1956年東京生まれ。81年毎日新聞社入社。大阪社会部、東京社会部（文部省を担当）、アフリカ特派員ヨハネスブルク支局長、長野支局長、生活報道センター長、大阪本社編集局次長などを経て「教育と新聞」推進本部委員。2013年度の日本新聞協会NIE専門部会長。
著書に「私たち、みんな同じ—記者が見た信州の国際理解教育—」（一草舎出版、地方出版文化功労賞奨励賞）など。共著に「大学に『明日』はあるか」（毎日新聞社）、「世界はいまどう動いているか」（岩波ジュニア新書）など。

新聞活用最前線

2013年9月10日　初刷発行

著　者　城島《じょうじま》 徹《とおる》

発行者　渡部 哲治
発行所　株式会社 清水書院
〒102-0072
東京都千代田区飯田橋3-11-6
電話　03-5213-7151
印刷所　広研印刷 株式会社
製本所　広研印刷 株式会社

定価はカバーに表示

●落丁・乱丁本はお取り替えいたします。

ISBN 978-4-389-22565-0　Printed in Japan